Alain Goetzmann

perform'up®

Tome 2

Vision, Stratégie, Management des hommes et des grandes fonctions

88 bis, avenue Charles De Gaulle
92200 Neuilly-sur-Seine
www.deltaintermanagement.com
www.alaingoetzmann.com

Dépôt légal
Bibliothèque Nationale de France - 2015 –

ISBN-13: 978-1505612882
ISBN-10: 1505612888

Du même auteur

Restructurer l'entreprise, Cinq semaines d'observation, huit mois d'action, Editions Arnaud Franel 2008

Vadémécum de la restructuration d'entreprise en 10 étapes, Editions Séfi 2009

Tome 1 de perform'up®. Leadership, Motivation et efficacité personnelle, Delta Inter Management Editions, juin 2014

A paraître

Tome 3 de perform'up®. Maîtrise des Chiffres et de la Croissance, Delta Inter Management Editions, (premier trimestre 2015)

Alain Goetzmann

perform'up®

Tome 2

Vision, Stratégie, Management des hommes et des grandes fonctions

AVERTISSEMENT

perform'up® est une méthode et non une œuvre de fiction littéraire. M'appliquant à moi-même les recommandations que je fais, j'ai puisé, sans vergogne, dans les articles et les écrits des nombreux auteurs qui ont forgé mes convictions et dont j'ai mis en pratique les idées au cours de ma carrière.

Dans toute la mesure du possible, je donne mes sources et mes références. Il se peut toutefois que les notes que j'ai accumulées au fil des ans ne contiennent pas d'indications précises et m'amènent ainsi à reproduire ici, sans référence spécifique, des idées ou des concepts qui m'ont séduit et que j'ai appliqués dans ma vie d'entrepreneur et de dirigeant. Que ceux que j'aurais éventuellement omis de citer, s'il y en a, veuillent bien me pardonner. C'est très volontiers que je les mentionnerai, le cas échéant, dans les éditions ultérieures.

Vous vous étonnerez peut-être de quelques répétitions quant à certains des paradigmes proposés. C'est volontaire, dans le but d'insister sur des points qu'il m'apparait important de présenter sous des éclairages différents, parce qu'ils contribuent plus que d'autres à la réussite des entrepreneurs et à l'amélioration de leurs performances.

Toutes les méthodes de management détaillent des techniques à employer et insistent sur la nécessité de leur maîtrise pour parvenir à des résultats enviables. Pour ce qui me concerne, je suis, depuis toujours, convaincu que l'homme est au centre de toute entreprise et que les outils du management ne sont que les nécessaires prolongements de la pensée du créateur, de l'entrepreneur ou du chef d'entreprise actionnaire. Ils sont utiles, indispensables même, mais seuls l'attitude et le comportement de l'homme qui les manie en révèlent l'efficacité. C'est pourquoi le premier tome de **perform'up**® était consacré au leadership, qualité indissociable de l'entrepreneur ou du chef d'entreprise familiale.

Dans ce deuxième tome et sa suite, mon propos n'est pas de proposer une somme théorique sur le management. La méthode **perform'up**® ne se veut pas non plus une anthologie des méthodes de direction opérationnelle et fonctionnelle des entreprises telle qu'on peut la trouver dans la plupart des ouvrages conventionnels sur le management.

Mon objectif est de vous proposer ma conception du management entrepreneurial, tel que je l'ai pratiqué, totalement focalisé sur la dévotion au service du client, mon credo et, de mon point de vue, la seule justification de l'existence même de l'entreprise. Le management entrepreneurial n'est pas seulement intuitif. Au-delà de l'attitude et du comportement de l'entrepreneur, conditions essentielles de son leadership, je suis convaincu que certaines techniques très concrètes doivent être maîtrisées par le dirigeant s'il veut conduire avec efficacité une PME ou une ETI dans le but d'optimiser sa rentabilité. Ceci est bien sûr également valable pour les dirigeants de filiales de groupe dans lesquelles la mise en œuvre d'un management entrepreneurial est de plus en plus prônée. Si, par ailleurs, il est fait, le cas échéant, référence à des théories plus ou moins connues et réputées pour leurs résultats, c'est parce j'ai la conviction qu'elles peuvent constituer le socle de l'action du dirigeant dans son exercice quotidien.

De la même façon, les chapitres sur les grandes fonctions, relations humaines, produits et services, marketing et ventes, opérations, ne constituent pas des manuels à destination des titulaires de ces grandes fonctions. Ce serait bien prétentieux de ma part. Il existe des milliers d'ouvrages et de formations spécialisés qu'un bon professionnel se doit de connaître et de mettre en pratique. Mon but est de proposer au seul dirigeant, le mandataire social, les pistes, les réflexes et le support du dialogue qu'il doit entretenir avec chacun des membres de son équipe, dans sa tâche quotidienne de conduite de son projet vers le succès.

Les entreprises sont aujourd'hui multiples : traditionnelles ou Internet, industrielles, commerciales, artisanales ou prestataires de service. A chaque fois que j'avais connaissance d'un modèle économique Internet, je l'ai incorporé à mes réflexions. De même, pour ce qui concerne les produits ou les services, ces derniers se développant jusqu'à constituer un part importante de l'offre, aujourd'hui, nous utilisons, dans cet ouvrage, un néologisme « produit/service » pour qualifier la proposition d'une entreprise.

Dans ce tome et le suivant, je propose donc au chef d'entreprise de se servir de ma méthode comme d'une check-list des points à ne pas omettre dans son action quotidienne, personnelle et de management de ses équipes, afin de rebondir, inlassablement, vers l'action et le progrès.

TABLE DES MATIERES

PREMIERE PARTIE

VISION ET STRATEGIE

CHAPITRE 1

FORMALISEZ VOTRE VISION

Entreprendre, c'est d'abord avoir une vision et vouloir la partager ; c'est aussi savoir l'exposer clairement et la traduire en objectifs concrets qui constitueront la trame de la stratégie à mettre en œuvre afin d'aller de là où vous vous trouvez aujourd'hui vers où vous voulez être demain.

La vision du chef d'entreprise revêt une importance capitale car elle constituera le ciment des équipes qu'il va monter pour parvenir à sa réalisation. Aussitôt exprimée, elle doit se transformer en action, en dynamique de progrès, en engagement personnel.

Une vision clairement exprimée montre un cap, une direction, des objectifs. Elle donne une signification, un sens et une finalité à l'action quotidienne. Elle créé ainsi la motivation de tous et se montre fédératrice des efforts engagés.

Ce terme de vision a été utilisé au début du XXème siècle pour la première fois par l'Ecole Autrichienne de Management. Elle considère que la concentration sur l'objectif et la conquête du leadership ne se résument pas simplement à l'optimisation de processus opérationnels. Il est nécessaire qu'il y ait quelque chose de plus, de vrai, qui en vaille la peine, quelque chose qui donne du sens. Elle considère que l'action ne peut pas n'être que rationnelle et doit s'accorder avec une vision du monde propre à chaque individu.

Moïse, Jeanne d'Arc, premières visions ?

L'une des premières visions racontée, la plus célèbre de l'histoire ou de la mythologie, est certainement celle de Moïse devant le buisson ardent. Voyant la détresse d'Israël en Egypte, Dieu lui assigne la mission de le conduire vers une contrée fertile et spacieuse, une terre où coulent le lait et le miel. La poursuite de la réalisation de cette vision, sa transformation en mission, sera désormais son seul et unique but, l'œuvre de sa vie.

Plus proche de nous, dans l'histoire de France, c'est l'apparition de trois saints lui intimant l'ordre de bouter l'Anglais hors de France qui lance Jeanne d'Arc dans l'aventure que chacun connaît.

Dans le monde contemporain, si les visions ont perdu leur caractère divin, elles sont toujours le moteur des grandes découvertes et des grandes réalisations.

Des voitures pour le plus grand nombre

Fils d'un immigrant irlandais, élevé dans une ferme du Michigan, piètre élève, Henry Ford se passionne très tôt pour la mécanique. Ayant reçu pour cadeau de son père une montre qu'il apprend à démonter et à remonter, il s'improvise, à 12 ans, réparateur de montres auprès de sa famille et de ses voisins. A 15 ans, il construit une machine à vapeur et obtient de pouvoir aller travailler à Détroit dans un atelier d'usinage de fer, le jour. La nuit, il travaille dans un atelier de réparation horlogère. Trois ans après, de retour à la ferme familiale, il se distingue en fabriquant une machine agricole à vapeur. A 28 ans, derechef à Détroit, mais devenu ingénieur, il poursuit, parallèlement, des expériences personnelles sur les moteurs à essence, expériences qui aboutissent, quelques années plus tard, à la création d'un véhicule automobile, le « Ford Quadricycle ». C'est une innovation considérable pour l'époque, réalisée sans études de marché préalables auxquelles Henry Ford ne croyait d'ailleurs pas. Il s'en expliquait ainsi : *« Si j'avais demandé à mes clients ce qu'ils voulaient, ils m'auraient répondu : un cheval plus rapide ».* Il lance alors, avec le soutien d'un investisseur, la Détroit Automobile Company, dans le but de produire des automobiles. Sans succès. En 1901, nullement découragé, il récidive avec la Henry Ford Company. Las, à nouveau en délicatesse avec ses associés, il est contraint de s'en aller. Il redémarre alors et fonde, avec un nouvel associé, la Ford & Malcomson Ltd.

Le peu de succès obtenu par ses automobiles la mène à une quasi-faillite mais un banquier local la renfloue. L'entreprise prend alors sa dénomination sociale définitive : Ford Motor Company. Cette fois le succès est au rendez-vous et l'entreprise commence son ascension. L'idée de génie vient alors : la Ford T, très simple à produire et peu coûteuse à réparer. C'est un succès sans précédent. Il repose sur la rationalisation des tâches permettant une amélioration considérable de la productivité et une standardisation grâce à des pièces interchangeables dans la construction et la maintenance du véhicule. C'est l'aboutissement de sa vision : *« Je construirai une automobile pour le plus grand nombre ».* Jamais il n'a renoncé ; toujours il a persévéré.

Changer le monde

Prototype et modèle universel de l'entrepreneur moderne, Steve Jobs s'est donné très tôt la mission de changer le monde faisant sienne la sentence d'Edwin Land, l'inventeur du Polaroïd : *« Vivre au croisement des humanités et de la technologie ».* Toute sa vie a été dédiée à cette vision d'un monde qu'il pourrait améliorer par la technologie.

Tout jeune, grâce à un voisin, il se passionne pour l'électronique et participe régulièrement à des réunions d'étudiants autour d'un thème proposé par un ingénieur d'Hewlett-Packard. C'est ainsi qu'il découvre le premier ordinateur de bureau. L'été, pour gagner son argent de poche, il travaille comme ouvrier sur les chaînes de montage de la société.

C'est la rencontre avec Steve Wosniak, son aîné de 5 ans, également passionné d'électronique, qui va sceller son destin, lequel commence par une fraude aux compagnies de téléphone. Les deux associés ayant eu vent d'un système permettant de passer des appels à longue distance sans les payer, le mettent en œuvre, sous forme d'une « blue box » qu'ils vendent et qui sera à l'origine d'Apple. Renonçant à l'université, à 19 ans, il suit toutes sortes de formations, devient végétarien, se plonge dans la spiritualité et ce qu'on a appelé la contre-culture californienne. Il s'essaie aussi assidument au LSD et se rend en Inde où il fréquente Hare Krishna.

En 1975, Steve Wosniak conçoit l'Apple 1. Pour le lancer, les deux Steve vendent tout ce qu'ils ont. Steve Wosniak s'occupe de la technique, Steve Jobs de la vente. C'est lui qui, dans la phase « pomme » de son régime végétarien, invente la raison sociale : « Apple Computer ». C'est à partir de là que la vision de Steve Jobs va, progressivement s'affirmer. Dès la création du logo, la fameuse pomme entamée, Steve Jobs avait averti l'agence de création : *« Je veux un truc évident, sans chichi »*. C'est lui aussi qui découvre, à l'occasion d'une visite du Xerox Parc, le potentiel commercial gigantesque d'une interface graphique couplée avec la manipulation d'une souris. Sans aucun scrupule, il copiera le concept et en tirera le Lisa puis le Macintosh, succès planétaire, qu'il aura mené personnellement avec une toute petite équipe, après en avoir débarqué les dirigeants, retranché dans une partie des bâtiments d'Apple Computer, sur laquelle il avait fait flotter un drapeau noir de pirate avec tête de mort et tibias croisés. Si les développements sont à mettre au crédit de l'équipe de Steve Jobs, l'origine en est incontestablement la copie frauduleuse des travaux de Xerox. A quoi Steve Jobs répondra invariablement : « *Il faut savoir prendre ce que l'homme fait de mieux et le refaçonner pour pouvoir l'intégrer dans votre propre œuvre. Picasso avait une maxime pour ça : « Les bons artistes copient, les grands artistes volent ». Et chez Apple, on n'a jamais eu de scrupule pour prendre aux meilleurs* ».

La suite de la carrière de Steve Jobs est faite de ruptures, d'échecs et de succès géants. En 1985, il se fait « virer » par le Directeur Général, John Sculley, qu'il a lui-même recruté. Il fonde alors Next, sans omettre de débaucher quelques-uns des meilleurs talents d'Apple, dont les ordinateurs aux technologies innovantes sont conçus pour les communautés financière, scientifique et académique. Il manifeste, avec Next, plus encore qu'avec Apple, cette obsession de la perfection esthétique.

En 1986, hasard ou « Midas touch » comme disent les américains, il met la main sur Pixar, société dans laquelle se trouve une perle rare : le studio d'animation et de création graphique qui développera des films d'animation aux succès mondiaux pour Walt Disney.

En décembre 1996, Apple, malgré une situation financière dramatique, décide de racheter Next. Quelques mois plus tard, à l'occasion du licenciement pour mauvais résultats du Directeur Général, Steve Jobs prend sa place. C'est le début de la période bénie pour Apple et la naissance de la légende de Steve Jobs. D'abord le retour d'un design de rupture avec les nouveaux iMac, puis, en 2001, l'entrée dans l'industrie de la musique avec l'iPod et iTunes. En 2003 commence le développement des boutiques dédiées à la marque et en 2007, celui des téléphones portables avec l'iPhone et ses applications Internet vendues dans l'Apple Store. En 2010 arrive la tablette tactile avec l'iPad et la création du nuage numérique iCloud.

Steve Jobs est mu par une vision simple et ambitieuse : *« changer le monde »*. C'est ainsi qu'il a séduit, en 1983, John Sculley, alors Directeur Général de Pepsi Cola pour l'inciter à le rejoindre chez Apple. Cette volonté de changer le monde, il l'avait conçue autour de l'électronique destinée au grand public avec une traduction concrète : des produits de rupture innovants, d'une fonctionnalité simple et intuitive et d'un design parfait de beauté et de simplicité. C'est un perfectionniste, d'une grande exigence. Il veut laisser sa trace dans l'histoire du monde.

Rien de grand ne s'accomplit sans vision.

Encore faut-il, quand on dirige une entreprise, savoir la diffuser et l'incarner.

Concrétiser sa vision naît d'une passion

Nous avons vu dans le Tome 1 de **perform'up**® comment détecter sa passion et comment tenter de la vivre et d'en vivre.

Parmi les exemples les plus célèbres de ceux qui vivent de leur passion figurent les grands artistes, les grands écrivains, les grands sportifs. Il leur suffit, mais c'est déjà énorme, de cultiver leur maîtrise par leur travail et par leur maîtrise, de forcer leur talent.

Pour un chef d'entreprise, il faut y ajouter le sens de l'anticipation de celui qui ne peut pas se développer seul, qui aura besoin de collaborateurs pour atteindre son but. Si la vision de celui qui engage un parcours individuel est généralement réduite à : *« Je veux être le meilleur au monde dans.... »*, celle de l'entrepreneur se décline au pluriel : *« Nous avons pour objectif final d'être, dans dix ans, vingt ans, trente ans, les meilleurs, les plus grands, dans.... »*. L'entrepreneur, le chef d'entreprise, porte une vision collective. C'est la sienne propre, celle qui reflète sa passion mais c'est aussi celle qui saura mobiliser, autour de lui, toute une organisation tendue vers sa réalisation et qui se l'approprie.

Une vision agrège le type d'entreprise souhaité

Lorsqu'on se lance dans l'entreprenariat, surtout lorsqu'on souhaite simplement se créer un emploi, la vision qui y a présidé ne peut pas avoir le souffle du parcours d'un grand artiste. On peut le regretter mais ce n'est quand même pas tout à fait la même chose que de vouloir devenir le plus grand interprète mondial de Beethoven, par exemple, ou que de vouloir devenir le plus grand plombier-zingueur au monde. Chacun voit que si la vision du premier peut aboutir dans le cadre d'un parcours individuel, au prix, certes, d'incommensurables efforts, celle du second ne peut, éventuellement, se réaliser que dans le cadre d'une entreprise de milliers, voire de dizaines de milliers, de salariés, que son dirigeant doit développer avec talent et détermination.

N'ayez donc pas une vision trop étriquée de votre avenir. Si vous décidez d'entreprendre, ne le faites pas pour simplement vous créer un job ; vous n'irez pas très loin et finirez par perdre votre âme. Finalement, vous n'aurez tenté d'être un entrepreneur que durant le temps où vous aurez peaufiné votre vision.

Menuisier, mécanicien ou informaticien « se mettant à son compte », vous vous serez transformé en auto-salarié, rien de plus. Comme vous êtes seul, indépendant et sans soutien, à vous les devis, la comptabilité et la paperasse pendant les week-ends. A raison de 70 à 80 heures de travail par semaine, vous vous lasserez vite.

Un entrepreneur, au contraire, est un visionnaire, un rêveur, une boule d'énergie. Il a l'imagination qui produit l'étincelle du futur et sait se transformer en catalyseur du changement.

Votre vision intégrera donc un modèle d'entreprise destiné à satisfaire de façon innovante le besoin spécifique ou le désir ardent d'une catégorie de consommateurs.

Votre vision intégrera aussi la part de vous que vous voulez consacrer à votre entreprise. Car, si elle fait partie de votre vie, elle n'est pas votre vie à elle seule. Il vous faudra donc déterminer précisément comment elle pourra fonctionner sans exiger de vous un travail surhumain, comment vous pourrez en rester à la fois le propriétaire et indépendant d'elle, comment vous en serez le maître sans jamais en devenir l'esclave. C'est l'un des buts assignés à la méthode **perform'up**®, accélérateur de réussite.

Une vision se réfère à des valeurs

Vous entretenez au fond de vous-même des valeurs que vous vous êtes forgées depuis que vous êtes tout petit. C'est le moment de les mettre en avant. Une vision entrepreneuriale doit comporter les règles morales et éthiques que vous entendez suivre dans votre parcours de chef d'entreprise. Nous en avons traité au dernier chapitre du Tome 1.

Elles sont pour vous une façon d'être et une façon de faire qui constituent l'essentiel du leadership et représentent, pour vos équipes, la justification de leur propre engagement à vos côtés ainsi qu'un sentiment d'appartenance fort.

Une vision intègre l'image que vous voulez projeter

La vision de votre projet est en vous. Vous la portez au travers de votre aventure entrepreneuriale mais vous êtes aussi celui qui va la représenter. Etes-vous prêt à accepter, comme Hugh Heffner, le fondateur du magazine Playboy, de projeter en permanence l'image d'un obsédé sexuel ou, comme l'industriel J. Paul Getty, celle d'un pingre richissime ? Pourquoi pas ? Mais la plupart des entrepreneurs préfèrent donner d'eux-mêmes une image plus conforme aux valeurs qu'ils défendent. Une vision entrepreneuriale cohérente incorporera donc également ce sentiment profond bien qu'il réduise parfois considérablement les champs d'action.

On le voit, une vision n'est pas seulement l'expression concrète du rêve fugace d'une nuit. C'est la manifestation d'un projet cohérent, initié par une passion dévorante, conforme à un modèle d'entreprise idéal, à vos valeurs et à l'image que vous voulez donner de vous.

Faites de votre vision un modèle économique

Rédigez votre vision dans toutes ses facettes. Formalisez par écrit, à l'horizon qui vous semble le plus plausible, 5, 10 20 ou 30 ans, où vous voudrez être, à la tête de quelle entreprise, en observant quelle attitude et quel comportement.

Mais une vision qui ne se transforme pas en mission n'est qu'un rêve éveillé. Pour en faire une réalité, il faut qu'elle devienne un modèle économique cohérent.

A cet effet, un des meilleurs outils qui puisse servir de support à votre réflexion est le modèle CANVAS (Cf. page 37, traduit en français sous : Business Model Nouvelle Génération, écrit par Alexander Osterwalder et Yves Pigneur, édité chez Pearson). Il permet de la synthétiser sur une page en 9 blocs qui décrivent toute l'économie d'une entreprise et la façon dont celle issue de votre vision créera de la valeur.

Sans encore entrer dans tous les détails à ce stade, c'est une excellente façon de tenter de traduire son rêve en projet économique ou plutôt, en détection des enjeux de la mise en œuvre de sa vision. Cette matrice accompagnera le projet, de sa genèse à la preuve de son succès et deviendra de plus en plus précise au fil des nombreux allers-retours que vous effectuerez entre conception, développement et réaction client. C'est le document fondateur. Au stade premier, il fixe simplement les idées pour vous permettre d'évaluer si le projet a globalement ses chances ou s'il est mort-né, une fausse bonne idée, en quelque sorte.

Réalisez une copie de la matrice CANVAS sur une grande feuille ; punaisez-la au mur et commencez à la couvrir de post-it. Ils constitueront la matérialisation de votre vision. Murissez pendant quelques semaines ou quelques mois au maximum, en amendant, retirant ou ajoutant des post-it sur votre matrice et, une fois que chacune des cases vous paraît contenir les réponses pertinentes aux questions, allez-y, foncez, engagez-vous dans votre réflexion stratégique et dans l'action.

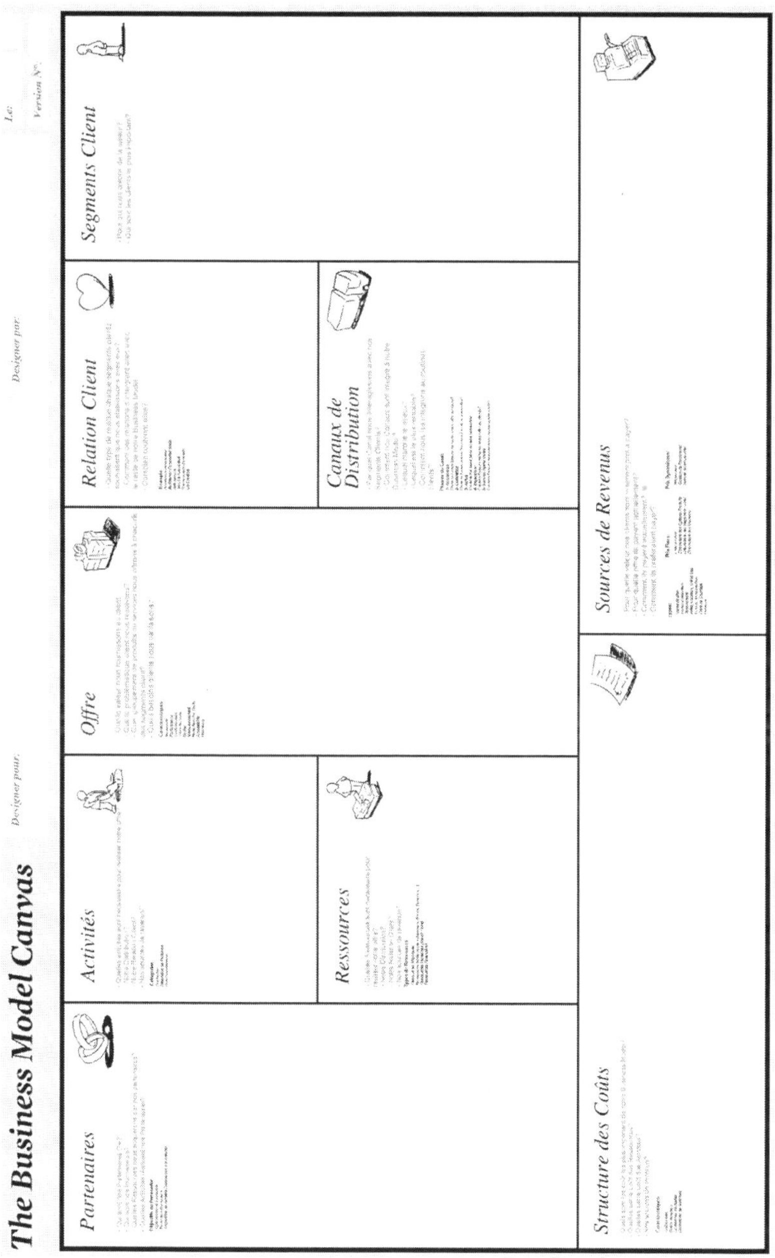
The Business Model Canvas
Designer pour:
Designer par:
Le:
Version N°.
Partenaires
Activités
Ressources
Offre
Relation Client
Canaux de Distribution
Segments Client
Structure des Coûts
Sources de Revenus

1. Segments de clientèle

Quels sont les groupes d'individus ou d'organisation qui constituent votre cible ? Vous adressez-vous à un marché de masse ou de niche ? Votre marché est-il homogène ou fortement segmenté ? Répondez-vous à des besoins uniformes ou diversifiés ?

2. Propositions de valeur

Quelle est votre offre ? Qu'est-ce qui détermine vos clients à la choisir plutôt que celle d'un concurrent ? Qu'apporte-t-elle de neuf, de mieux, de plus performant ?

3. Canaux

Comment votre entreprise communique-t-elle avec ses clients, comment entre-t-elle en contact avec eux pour leur faire une proposition de valeur séduisante?

4. Relations avec le client

Maintenez-vous des relations interpersonnelles ou automatisées ? Vos relations ont-elles pour but l'acquisition, la fidélisation ou l'accroissement du courant d'affaires des clients.

5. Flux de revenus

Quelle trésorerie génère pour l'entreprise, chacun des segments de clientèle ? Le flux est-il constitué de ventes, de droit d'usage, d'abonnements, de royalties ?

6. Ressources-clés

Quels sont les actifs matériels, immatériels, intellectuels, humains ou financiers nécessaires au fonctionnement du modèle ?

7. Activités-clés

Quelles sont les choses les plus importantes que doit faire l'entreprise : gérer une plate-forme, un réseau, produire, résoudre des problèmes en proposant des solutions aux différents segments de clientèle ?

8. Partenariats-clés

Quels sont les fournisseurs, les sous-traitants, les partenaires indispensables pour que le modèle fonctionne.

9. Structure de coût

Comment se génèrent les coûts inhérents au modèle économique choisi ? Est-on dans une logique de coût ou de valeur ? Sait-on distinguer nettement coûts fixes et variables ?

Nous reprendrons et détaillerons ces 9 points dans les différentes parties de notre méthode **perform'up**® au sein des chapitres réservés aux fonctions dans lesquelles ils s'insèrent.

Mais gardez toujours présent à l'esprit – c'est la conviction qui nourrit la méthode **perform'up®** – que le client est l'Alpha et l'Omega de la réussite d'une entreprise. Se mettre à la place du client est un principe qui doit présider à l'ensemble du processus de conception et de validation de son modèle économique. Il doit guider et motiver tous vos choix : proposition de valeur, canaux de distribution, relation avec le client et flux de revenus.

Une entreprise n'a d'autre justification que la satisfaction de ses clients.

Ne vous découragez pas et n'abandonnez pas non plus trop vite si la mise en œuvre de votre vision vous apparait plus difficile que ce à quoi vous vous attendiez. C'est normal. Après tout, entreprendre n'est pas la façon la plus confortable d'exercer une activité, au moins au début. Gardez en mémoire que les premières étapes d'un parcours sont toujours très difficiles, qu'au milieu du chemin, il reste encore incertain et que ce n'est qu'en approchant de l'arrivée qu'on commence à l'apprécier et à se sentir en sécurité.

La méthode **perform'up®** n'est pas réservée aux petites entreprises ou aux entreprises naissantes. Dans les plus grandes, chaque nouveau projet peut adopter les principes structurants de cette façon d'aborder de nouveaux marchés ou de nouvelles diversifications. C'est la règle aujourd'hui. Quand on veut mettre le client au centre de toute entreprise, il faut l'interroger au fur et à mesure de l'avancement d'une nouvelle offre ou du renouvellement de l'offre existante.

CHAPITRE 2

ELABORATION DE LA STRATEGIE

Foin de descriptions alambiquées, commençons par une définition simple de ce qu'est une stratégie d'entreprise : **la mise en œuvre de moyens et de ressources pour aller d'où on se trouve vers où on veut être dans un avenir plus ou moins proche.**

Une bonne stratégie, conçue pour poursuivre l'horizon de sa vision dans le respect de ses différentes composantes, se fondera sur une analyse de l'entreprise existante ou du projet d'entreprise et de son environnement. La compétence du chef d'entreprise et la connaissance qu'il doit cultiver d'un certain nombre de techniques, lui permettront ensuite de mesurer et de corriger, à échéances régulières, la trajectoire de son entreprise en route vers sa vision.

Lors de l'élaboration du modèle économique, vous devrez hiérarchiser les produits/services que vous voulez concevoir et les métiers que vous voulez exercer. Il vous faut donc prendre, pour chacun de vos domaines d'activité et de vos produits/services une décision :

- d'expansion,
- de spécialisation,
- de domination,
- de liquidation,

en gardant bien présent à l'esprit qu'il faut toujours renforcer ses points forts et négliger ses points faibles, toujours accompagner le mouvement et non le forcer et qu'il y a peu de problèmes que de bons produits ne puissent résoudre.

On lit un livre du début à la fin mais on dirige une entreprise à l'inverse : on commence par la fin, le but à atteindre, et ensuite, on fait tout son possible pour y aboutir.

Bien préparer l'avenir

- Choisissez de vendre aux clients les plus exigeants et les plus sophistiqués, ils habituent l'entreprise à des standards ambitieux,
- Recherchez ceux qui ont les besoins les plus difficiles à satisfaire, ils deviendront les partenaires de vos groupes de projet stratégiques « création et organisation du renouvellement de l'offre »,
- Décidez d'acheter auprès des meilleurs fournisseurs, ils vont obliger l'entreprise à s'améliorer et à s'élever,
- Faites de vos concurrents une source permanente de motivation,
- Etablissez des objectifs qui forcent le progrès,
- Traitez vos employés comme s'ils étaient là pour toujours ; une approche embauche-débauche déstabilise,
- Programmez l'abandon des produits et services qui n'impliquent plus une allocation optimale de vos ressources. Redressez, vendez ou fermez les domaines à problèmes. *A la tête du plus grand conglomérat du monde, General Electric, Jeff Immelt, le Président actuel, continue à suivre, scrupuleusement, la stratégie élaborée, il y a trente ans par son prédécesseur, Jack Welsh : dans chacun des domaines stratégiques dans lequel opère le groupe, General Electric doit être le premier ou avoir vocation à le devenir. Sinon, le domaine stratégique sera fermé ou vendu. C'est grâce à cette règle, appliquée d'une main de fer, que peuvent cohabiter avec succès, des métiers aussi différents que l'imagerie médicale, les centrales nucléaires ou encore la finance.*
- Soyez très prudent quant aux goodwill liés à la croissance externe : pour leur prix il est parfois possible de faire mieux chez soi, avec un retour sur investissement plus rapide,

- Ne sortez jamais des métiers dans lesquels vous ou votre entreprise possédez un vrai savoir-faire mais cultivez la différenciation " *pour sortir de l'océan rouge du sang de la concurrence exacerbée par les métiers matures et trouver l'océan bleu d'une nouvelle offre rentable plébiscitée par les consommateurs. Déterminez les facteurs qu'on peut réduire bien en-deçà des normes de la profession; ceux qui peuvent être créés que la profession n'a pas offerts; ceux qui peuvent être valorisés bien au-delà des standards de la profession et ceux qui peuvent être éliminés bien que la profession les considère comme indispensables ".* (Cf. Blue Ocean Strategy, W. Kan Chim & Renée Mauborgne, Harvard Business School Press).

Partagez largement votre vision

Votre cœur de métier est défini par votre modèle économique. Vous savez ce que vos moyens vous autorisent et ce que le marché accueillera favorablement. Vous connaissez vos avantages concurrentiels, la voie que vous allez suivre et le sens que vous donnerez au travail de vos collaborateurs. Vous allez donc pouvoir leur faire partager une vision claire de l'entreprise et obtenir leur adhésion à des objectifs ambitieux. Attachez-vous tout de suite à inculquer une vraie culture du résultat qui passe nécessairement par un dévouement sans limite à la satisfaction du client.

Formalisez simplement et de façon concise votre stratégie en mettant en valeur les points forts. *Microsoft, par exemple, a, depuis son origine partagé avec son personnel ainsi qu'avec ses fournisseurs et partenaires, une vision riche et ambitieuse, mais aussi parfaitement compréhensible : "mettre un ordinateur dans chaque bureau et dans chaque maison".*

Soignez la forme ! La forme soutient le fond. Votre projet doit être:

- Clair
- Motivant
- Facile à mémoriser
- Conforme aux valeurs de l'entreprise
- Lié aux besoins du client

Bel exemple de vision ; dès 1912, André Michelin avait ainsi défini le rôle de la compagnie : " Nous ne faisons pas des pneus ; nous aidons les voyageurs à se déplacer ". De ce concept étaient nés les guides, cartes et plans, panneaux de signalisation, bornes qui furent, de surcroît, un soutien publicitaire sans égal parce qu'effectivement utiles au voyageur. Plus de 100 ans plus tard, Michelin fait toujours le même métier ; et sa stratégie s'énonce toujours aussi simplement.

Le doute méthodique

En matière de méthode d'analyse, il n'y a rien de nouveau sous le soleil depuis René Descartes. Remémorons-nous les quatre préceptes du " Discours de la méthode " :

« Le premier était de ne recevoir jamais aucune chose pour vraie que je ne la connusse évidemment être telle ; c'est-à-dire, d'éviter soigneusement la précipitation et la prévention, et de ne comprendre rien de plus en mes jugements que ce qui se présenterait si clairement et si distinctement à mon esprit, que je n'eusse aucune occasion de le mettre en doute. »

« Le second, de diviser chacune des difficultés que j'examinerais, en autant de parcelles qu'il se pourrait, et qu'il serait requis pour les mieux résoudre. »

« Le troisième, de conduire par ordre mes pensées, en commençant par les objets les plus simples et les plus aisés à connaître, pour monter peu à peu comme par degrés jusqu' à la connaissance des plus composés, et supposant même de l'ordre entre ceux qui ne se précèdent point naturellement les uns et les autres. »

« Et le dernier, de faire partout des dénombrements si entiers et des revues si générales, que je fusse assuré de ne rien omettre. »

Y a-t-il eu, depuis, meilleure façon de préparer ses décisions ?

Comme vous avez clairement énoncé votre vision du futur et défini précisément où vous voulez aller, il faut maintenant analyser tout aussi lucidement où vous vous trouvez et quels sont les méthodes et les moyens à mettre en œuvre pour vous rendre où vous voulez aller. Votre esprit ne doit pas être déformé par de vieilles habitudes ou des routines fastidieuses. Videz-vous la tête ! Comme vous devez n'avoir aucune solution à priori, partez de zéro, mettez en doute systématiquement tout ce que vous voyez et tout ce que vous imaginez afin de tendre le mieux possible vers l'objectivité.

Vous élaborez une stratégie qui guidera votre action au cours des prochaines années ; il faut donc que votre esprit soit en alerte maximale pour bien la définir.

Lorsque vous passez en revue la totalité des éléments sur lesquels vous voulez vous fonder, outre les préceptes du doute méthodique, gardez toujours en mémoire quelques principes simples qu'il faut impérativement respecter quand on veut pouvoir diriger avec efficacité dans un monde complexe :

- Ne tenez aucun compte des dogmes alentours ; créez vos propres règles et n'hésitez pas à être révolutionnaire; libérez-vous aussi de la tyrannie de l'expérience des autres,
- Ne cherchez pas à convertir vos points faibles en points forts ; renforcez vos points forts, c'est beaucoup plus efficace. Ceci est d'ailleurs également vrai pour les hommes : les meilleurs deviennent toujours meilleurs et c'est en additionnant les atouts que se construit une stratégie gagnante,
- Oubliez tout orgueil, l'enjeu n'est pas d'avoir raison mais de réussir,
- Ne vous laissez pas dominer par l'espoir ou la peur, par ce que les autres font, par les idéologies environnantes, par ce qui a déjà été fait ou qu'on croit avoir été efficace dans le passé. Ne vous concentrez que sur des faits avérés,
- Evitez d'appliquer des techniques à la mode que vous ne maitrisez pas. Les règles du management n'ont pas tellement changé depuis 60 ans et c'est le bon sens qui doit vous guider,
- Utilisez et développez systématiquement votre savoir-faire et le savoir-faire de l'entreprise,
- Ne faites pas de compromis entre deux voies: sachez en choisir une et y trouver l'excellence. Mais, surtout, ne choisissez jamais entre compétitivité et qualité : les deux sont indispensables,
- Eliminez systématiquement vos éventuelles activités secondaires. Elles sont la spécialité de vos concurrents,
- Détectez au plus tôt les actifs inutiles et vendez-les. Vous rentrerez de la trésorerie et gagnerez du temps,
- Méfiez-vous des établissements secondaires. D'abord, c'est une constante, ils ont toujours un comportement plus dispendieux que la maison-mère. Ensuite, la multiplication arithmétique des sites entraîne la multiplication géométrique des problèmes. Si votre

modèle économique repose sur un réseau intégré, donnez à un chef d'établissement les pouvoirs et les responsabilités d'un P-DG et soumettez-le à un contrôle de gestion rigoureux. N'hésitez pas à le remplacer s'il ne se donne pas les moyens d'atteindre ses objectifs,

- Elevez la pingrerie au rang de vertu,
- Identifiez précisément qui est votre client : votre réseau de distribution ou le consommateur final ?
- Sachez susciter l'enthousiasme dans vos équipes. C'est un actif qui ne figure dans aucun bilan mais qui fait des comptes de résultats brillants,
- Une fois vos idées claires, à la fin du processus d'analyse et de réflexion, rédigez votre stratégie sur un document de quelques lignes, une demi-page au maximum - ce qui se conçoit bien s'énonce clairement - car votre message doit pouvoir être compris de tout le monde. Souvenez-vous de Caton qui battait la campagne répétant inlassablement *« Delenda Carthago Est »* ... et à la fin, Carthage a été détruite,
- Annoncez la couleur. Vous avez des idées ; vous avez défini vos méthodes. Affichez-les. Pour ce qui me concerne, mon premier geste en pénétrant dans un nouveau bureau, a toujours été d'y accrocher un tableau où étaient écrites les maximes suivantes :

    - Des chiffres et des dates
    - Rien ne se donne, tout s'échange
    - La Direction doit diriger
    - Prévoir au plus loin, s'engager au plus court
    - Transformer ses faiblesses en opportunités
    - Rien n'est permanent sauf le changement

- Cultivez la vélocité, vous n'irez jamais assez vite,
- En toutes circonstances, gardez la tête froide et faites preuve d'objectivité: nous jugeons souvent le monde tel que nous le voyons et selon l'option qui nous arrange. De

la même façon, nous croyons plus facilement à quelque chose que nous espérons. Et de fil en aiguille, nous introduisons de l'irrationnel dans le rationnel. Méfiez-vous donc du subjectif,

- Soyez, enfin, convaincu et convainquant. Les meilleures stratégies ne valent rien si elles ne sont pas conduites par un homme dont c'est vraiment la passion et qui se les approprie. Il y a d'ailleurs peu de stratégies fondamentalement mauvaises quand l'exécution est rigoureuse.
- Enfin, en toutes circonstances sachez faire preuve d'imagination.

Les forces en présence

Au moment de commencer le minutieux travail d'élaboration de la stratégie de l'entreprise, rappelons qu'une stratégie gagnante est d'abord la conclusion juste d'une analyse exhaustive : le remède qui résulte d'un diagnostic.

Pour Théodore Levitt , *« le but de l'entreprise est de créer et de garder des clients pour qui il faut fabriquer et livrer les produits et services qu'ils veulent et apprécient à des prix et à des conditions plus attractives que les concurrents ; afin de pouvoir survivre, il faut faire suffisamment de profit pour garder ses actionnaires et pour y arriver, une entreprise doit clairement définir ses idées, stratégies et plans et les communiquer aux forces de vente. Et plus l'entreprise est grande, plus grand est le besoin d'objectifs précis et écrits ».*

Il n'est aujourd'hui plus contesté qu'une entreprise, qu'elle que soit sa taille, doive se soumettre à cette discipline élémentaire qu'est tout simplement la définition formelle des objectifs qu'elle poursuit.

C'est d'autant plus nécessaire qu'en définitive, les règles du capitalisme sont assez simples : on se bat contre des concurrents sur un marché qu'on veut dominer afin d'en retirer la plus forte rentabilité possible. C'est une guerre incessante dans laquelle, *« qui connaît l'autre et se connaît ne sera pas défait ; qui ne connaît pas l'autre mais se connaît sera vainqueur une fois sur deux ; qui ne connaît pas plus l'autre qu'il ne se connaît soi-même sera toujours défait ».* Sun Tsu. C'est pourquoi nous analyserons, dans l'ordre, le champ de bataille (le marché), les ennemis (les concurrents) et nous-même (l'entreprise).

I Le marché

Il existe dans l'entreprise ou dans vos études préalables des données exhaustives sur le marché. Sinon, elles auront été trouvées, auprès des organisations professionnelles du secteur concerné ou sur internet.

Nous prenons donc, pour hypothèse, que les marchés de l'entreprise, et leur évolution passée, sont connus, à la fois en volume et en chiffre d'affaires, même de façon approximative. Il faut faire cet effort élémentaire. Imaginerait-on conduire un véhicule à haute vitesse sur une route encombrée dans un brouillard à couper au couteau ?

Ce qui vous intéresse maintenant, c'est l'exploration du futur pour définir la bonne stratégie et donc des informations additionnelles pertinentes :

- Existe-t-il des cycles de long terme propres aux marchés considérés ? Si oui, à quel stade du cycle se trouve le marché actuel ?
- Quels sont les facteurs d'influence ?

    - La conjoncture ?

- Le climat ? *(Ex : les industries du parapluie, du vélo, de la bière),*
- Le temps libre ? *(Ex : les industries du loisir, du tourisme),*
- Des ruptures *(Ex : des ruptures technologiques : les mails qui remplacent le courrier et tuent le modèle économique de la poste, la photo numérique qui remplace l'argentique et conduit Kodak à la faillite),*
- Des activités de substitution *(Ex : Le TGV qui remplace l'avion sur les courtes distances),*
- De nouvelles lois *(Ex : la législation sur l'alcoolisme au volant à ruiné l'industrie des digestifs),*
- Des évolutions sociétales *(Ex : les produits polluants sont progressivement remplacés par leur substitut écologique),*

Il est impératif de recenser ces facteurs d'influence de manière aussi méticuleuse que possible afin de ne pas engager de moyens dans des métiers que l'entreprise maîtriserait mais qui constitueraient autant de voies sans issue.

- Le marché accepte-t-il de bien rémunérer ses intervenants (Taux moyen de rentabilité sur chiffres d'affaires et sur capitaux propres des principaux concurrents) ? Le profit, c'est ce qui montre que le client reconnaît la valeur de ce qui lui est offert. Si tel n'est pas le cas, vos décisions ultérieures devront en tenir compte,
- Y-a-t-il ou non élasticité du marché par les prix ?
- Le marché peut-il s'élargir ? *(Un vendeur de crayons peut-il évoluer comme vendeur de vecteurs d'écriture)* ?
- Le marché est-il sensible à l'innovation ? Est-il prêt à payer pour ? *(Ex : le succès de l'iPhone malgré son prix élevé).*

Des réponses précises et pertinentes à ces questions vous permettront d'arbitrer entre les différents choix possibles lorsqu'il s'agira d'allouer les ressources, forcément limitées de l'entreprise.

Organisations et presse professionnelles, concurrents, fournisseurs, clients et collaborateurs sont vos sources d'information privilégiées. Usez et abusez-en.

Comment faire une étude de marché simple ?

Pour qu'une étude de marché soit pertinente, il faut respecter une démarche ordonnée et structurée.

Celle que nous proposons n'est ni fixe ni rigide. Il faut, donc, l'adapter aux réalités du terrain et à la spécificité du métier. Mais elle constitue les bases d'une méthode de travail, de recherche et d'analyse.

- *Séquence de la démarche*
- *Plan à respecter*

1. Séquence de la démarche

1 - Rechercher des informations	*-Rechercher les informations existantes* *-Réaliser un questionnaire* *-Réaliser des entretiens*
2 - Faire la synthèse et analyser les informations recueillies	*-Vérifier la véracité des informations* *-Dépouiller le questionnaire* *-Analyser les réponses des entretiens*

3 – Rédiger le rapport	*-Identifier les opportunités et les risques du marché* *-Définir les clefs de succès et les contraintes du marché*
4 - Estimer le chiffre d'affaires prévisionnel	*-Prendre plusieurs hypothèses* *-Etablir ses comptes prévisionnels*

Source APCE

2. Plan à respecter

L'étude portera sur quatre dimensions :

Le marché *: quelles sont ses grandes tendances et son potentiel ?*

La demande *: quelle typologie de clientèle, ses besoins, ses attentes ?*

L'offre *: quels concurrents ? Sont-ils une menace ?*

L'environnement du projet *: quelles sont ses évolutions éventuelles ? Par exemple, une évolution juridique sur les conditions d'accès au métier peut avoir une incidence grave sur la faisabilité du projet.*

a) Définition du marché

L'objectif est ici de réaliser une photographie générale du marché.

Son identification et ses évolutions

Sur quel(s) marché(s) l'entreprise va-t-elle évoluer ? Le marché des entreprises, le marché des particuliers, la grande consommation.

Quelles sont les évolutions du marché en valeur et en volume ? Croissance, ralentissement, stagnation, baisse.

Les produits ou services directement ou indirectement concurrents

Quels sont les produits ou services directement concurrents ?

Quels sont les produits ou services indirectement concurrents, ceux qui peuvent se substituer ? L'avion peut se substituer au train, la chicorée peut remplacer le café.

Les acteurs

Qui sont les principaux acteurs sur le marché ? Les concurrents, les consommateurs, les acheteurs, les prescripteurs, les producteurs, les distributeurs.

b) Analyse de la demande

La première étape (définition du marché) a donné les grandes lignes de la demande, mais on ne peut pas s'en contenter. Il est nécessaire d'obtenir davantage d'informations pour pouvoir, par la suite, prendre des décisions.

Evolution globale de la demande

Quelle est la taille du marché et quelles sont les quantités vendues ? (en valeur et en volume)

Quel est le nombre de consommateurs sur le marché ? Comment ce chiffre évolue-t-il ? (en hausse, en baisse)

Comportement du consommateur

Consomme-t-il souvent ? Quand ? Comment ? Où ? Pourquoi ? Est-il satisfait ? Quelle est sa motivation ?

Mécanisme de choix et critères d'achat

Quels sont leurs critères de choix ? Le prix, la taille, la praticité, le mode de distribution, etc.

Segmentation de la demande

Il s'agit de définir les typologies de la demande (des clients) en utilisant des critères distinctifs tels que : le sexe, les critères socio-démographiques, les modes et styles de consommation.

c) Analyse de l'offre

Evolution globale de l'offre

Quels sont les produits, entreprises et marques présents sur le marché ? Quels sont les leaders ?

Caractéristique de l'offre et des entreprises concurrentes

Analyse détaillée des concurrents directs et indirects : Qui sont-ils ? Où sont-ils ? Que proposent-ils ? A quels prix ? Comment vendent-ils ? Comment communiquent-ils ? Quels sont leurs résultats financiers ? A qui vendent-ils ? Les consommateurs sont-ils satisfaits ?...

d) Analyse de l'environnement

Il s'agit d'identifier les facteurs qui peuvent avoir une influence sur le marché et sur l'entreprise.

L'innovation

Quelles sont les évolutions technologiques ?
Sont-elles fréquentes ?
Quel est leur impact sur le marché ?

La réglementation et la législation

Quelle est la législation nationale et internationale ?
Quel est le rôle des pouvoirs publics ?
Quel est le rôle des groupes et organismes professionnels ?...

Les groupes d'influence

Qui sont les groupes ou les personnes qui peuvent influencer le marché ? Les organisations, les syndicats, les prescripteurs (ex : le médecin qui prescrit des médicaments à son patient), les pouvoirs publics, ...).

II Les concurrents

La réaction des hommes dans les entreprises, vis-à-vis de leurs concurrents, est souvent empreinte d'émotion, voire épidermique. On traite le concurrent comme un ennemi, quelqu'un qui contrarie systématiquement la marche normale des affaires. Il est essentiel de dépasser ce cadre un peu manichéen et de traiter la concurrence comme elle doit l'être : un fantastique aiguillon pour toujours mieux faire.

La genèse de l'analyse concurrentielle, c'est, bien sûr, le comparatif offre-produit. Pour Michael Porter, *« la stratégie consiste, par essence, à établir un avantage concurrentiel décisif, durable et défendable »*. Chaque métier à ses propres critères de mesure de la concurrence fondés sur l'usage et la technologie du produit. Nous ne nous étendrons donc pas sur ce point. Toutefois cette mesure est insuffisante parce qu'elle n'est qu'un constat. C'est de l'analyse des entreprises concurrentes elles-mêmes que peut apparaître le futur probable de votre entreprise. Ce volet est particulièrement important parce que le dominant, sur un marché, est celui qui, dans une situation compétitive stable, a la part la plus forte mais aussi les coûts les plus bas et, pour un prix de marché donné, la marge la plus élevée. Il faut donc élargir l'horizon de l'information nécessaire.

A l'analyse comparative traditionnelle des caractéristiques techniques des produits s'ajoutera l'analyse financière et économique des concurrents (part de marché, chiffre d'affaires, marge brute, rentabilité opérationnelle, moyens financiers disponibles et surtout, qualité des ressources humaines). Il faudra aussi, ce n'est pas le plus simple, mesurer comment les concurrents traitent le client et quelles politiques sont les leurs dans les différents domaines de l'entreprise.

La forme d'analyse la plus simple et la plus rapide consiste, une fois tous les éléments réunis, à rédiger une matrice SWOT par concurrent identifié (Cf. page 66). Mais ne vous engagez surtout jamais dans des pratiques anticoncurrentielles: *le boxeur gagnant s'abrite derrière sa connaissance du noble art ; pas derrière les cordes.*

Quand la concurrence se regroupe, un modèle économique alternatif est possible

Sur un marché donné, après avoir mesuré le niveau d'atomisation de l'offre, il faudra peut-être se poser la question d'une stratégie de consolidation de secteur par croissance externe ou d'une stratégie d'alliance. *PSA Peugeot Citroën, par exemple, considérant depuis longtemps que les méga-fusions dans l'automobile n'étaient pas une panacée – cela s'est vérifié au détriment d'autres constructeurs – a choisi d'intensifier une stratégie d'alliance avec des concurrents de tous horizons, pour des activités limitées, soit techniquement, soit géographiquement, chacun des partenaires acceptant de partager dans l'association l'un de ses domaines d'excellence. Cette stratégie longtemps contestée a été validée a contrario par l'absurdité de la fusion aujourd'hui dénouée entre Daimler-Benz et Chrysler et l'extraordinaire destruction de valeur qu'elle a provoquée. Et les récentes difficultés du constructeur français n'ont rien à voir avec ce choix. C'est l'absence de volonté de croissance à l'international, dans les pays émergents, en particulier, qui en est l'origine.*

Aussi, si votre stratégie passe par la consolidation d'un secteur, veillerez-vous à respecter les règles suivantes:

- Commencez par des opérations peu significatives pour permettre à l'entreprise remodelée d'acquérir une expertise et de ne pas être mise en danger. N'augmentez la taille de vos opérations que progressivement
- Ne sortez jamais de votre cœur de métier
- Les " due diligences " sont là pour éviter d'être trompé. C'est l'affaire des experts, laissez-les faire. Vous vous concentrerez sur le positionnement marché/produit de la cible, les complémentarités stratégiques et les synergies
- Intégrez rapidement et restez sur le qui-vive: aucune acquisition ne se déroule comme prévu. Les problèmes surviendront tôt ou tard. Et il vaut parfois mieux construire une marque ou une activité en partant de zéro plutôt que de payer un goodwill exagéré et de tenter, compte tenu des différences culturelles qui peuvent exister entre la cible et vous, le mariage de la carpe et du

lapin (Cf. Tome 3 : Maîtrise des chiffres et de la croissance).

III L'entreprise

Une fois approfondie l'analyse du marché et de la concurrence, il reste 2 points fondamentaux à évaluer :

- L'offre et son devenir
- La capacité de l'entreprise à se développer dans un environnement en perpétuelle mutation.

L'offre et son devenir

Lorsque plusieurs produits/services, selon la typologie de l'offre, sont proposés au client, le chef d'entreprise doit s'approprier l'information précise de la contribution de chacun de ces produits/services au succès de l'entreprise toute entière. Il s'assurera ainsi que l'avenir est garanti grâce au portefeuille existant ou à venir.

Il existe de nombreuses matrices pour classer les produits selon leur stade d'évolution et orienter ainsi les efforts de l'entreprise. Chaque grand cabinet de conseil a la sienne : Boston Consulting Group, Arthur D. Little, McKinsey, etc. Mais elles restent des modèles théoriques, peu adaptées aux PME ou aux ETI et, en définitive, d'une utilité discutable. C'est pourquoi je propose une méthode empirique de positionnement des produits/services sur une courbe imaginaire de vie des produits, ce qui est relativement simple et facile à effectuer. Après tout, vous n'êtes pas là pour faire de la théorie managériale.

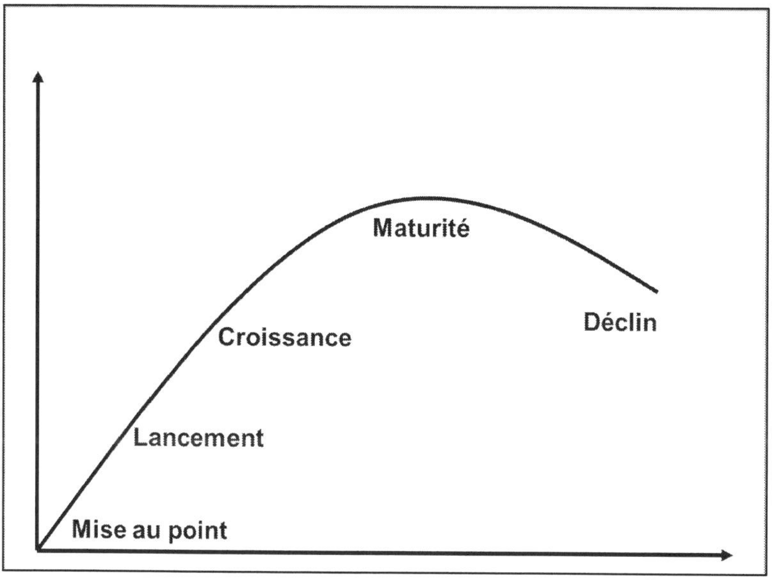

Source Auteur

Le suivi de l'offre produit/service par le dirigeant de l'entreprise, lui-même, est un impératif stratégique. Il s'agit de ce que les clients achètent. L'offre se mesure, en effet, telle que l'entreprise la voit, telle qu'elle est perçue par le client et telle qu'elle se compare avec l'offre concurrente. C'est la quête de la différenciation compétitive.

Une fois le positionnement de vos produits/services effectué, votre réflexion stratégique se nourrira des informations suivantes :

1. Produits en déclin

A-t-on bien stoppé tous les investissements concernant spécifiquement les produits en déclin ? Y compris leur maintenance ? Comme ils se trouvent forcément sur un marché hyperconcurrentiel, s'assure-t-on bien qu'ils ne consomment pas plus de ressources humaines et matérielles que ce qu'ils rapportent. N'est-il pas temps de les arrêter ? Souvenez-vous qu'il faut renforcer ses points forts et négliger ses points faibles.

2. Produits en phase de maturité

Ce sont les « vaches à lait » de l'entreprise, les produits/services désormais en très faible croissance, voire en légère décroissance parce qu'arrivés à maturité. Ils doivent générer des profits substantiels et des liquidités abondantes qui permettent de financer d'autres projets. Réduisez fortement les investissements. Rentabilisez ces produits au maximum. Ce sont eux qui font vivre l'entreprise. C'est le pain d'aujourd'hui.

3. Les produits/services en phase de croissance

Ce sont les stars de votre portefeuille. Leur modèle économique est désormais prouvé. Ils sont sur un marché en croissance mais continuent à être demandeurs d'investissements commerciaux, surtout, pour acquérir des parts de marché qui permettent d'en faire les vaches à lait de demain.

4. Les produits/services en phase de lancement

Ils viennent de sortir de la phase de mise au point. Si vous avez décidé de les lancer, c'est parce que vous avez constaté que leur marché a un fort potentiel ou est déjà en forte croissance et que vous pouvez y prendre votre place. C'est une période dangereuse dans le cycle d'évolution des produits car on ne sait pas encore si on va y réussir alors que les investissements commerciaux sont indispensables pendant cette phase.

5. La phase de mise au point

Cette phase, essentiellement technique, mérite tout autant d'attention que les autres car c'est celle des arbitrages. Quel va être le « time to market » ? Quelle quantité de cash et de ressources humaines va-t-elle consommer avant d'être lancée ? En cas d'insuccès ou de raté, les produits « vache à lait » peuvent-ils couvrir les charges et durer encore suffisamment longtemps pour recommencer un nouveau programme ?

Il sera ainsi possible de caractériser le portefeuille stratégique par la cohérence, l'équilibre et la complémentarité des différents produits/services en termes de durée de vie, de rentabilité et de flux de trésorerie ainsi que l'adéquation des gammes aux segments de marché. L'application de la règle des 80/20, en gardant à l'esprit qu'elle n'est pas une panacée universelle, vous permettra aussi d'entrevoir les allégements auxquels vous pourrez procéder pour éviter un foisonnement toujours couteux.

Par ailleurs, vous vérifierez que les compétences techniques, marketing produit et structurelles s'additionnent bien. Vous saurez à quel degré d'innovation est parvenue l'entreprise. En procédant ainsi, avec méthode, vous maintiendrez un courant fort en faveur du développement produits/services.

La capacité d'action de l'entreprise

La façon la plus simple et la meilleure de la mesurer est, à mon avis, d'utiliser la méthode des 5 forces conçue par Michael Porter.

L'analyse des 5 forces exige d'évaluer :

- L'intensité de la concurrence

- La menace de nouveaux entrants
- Le pouvoir de négociation des fournisseurs
- La pression des clients
- La menace de produits/services de substitution

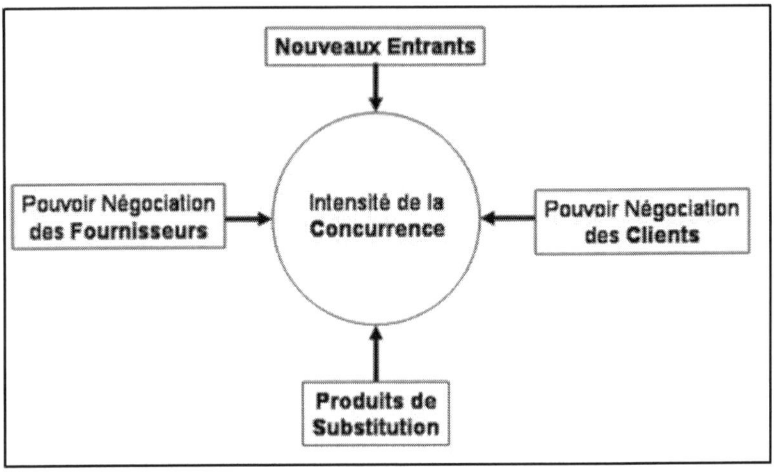

1. **L'intensité de la concurrence** :

Il s'agit de l'analyse des acteurs en présence sur un marché: leurs produits, leurs parts de marché, leurs forces et faiblesses, leurs stratégies...

2. **La menace de nouveaux entrants :**

Il peut s'agir de nouvelles sociétés ou bien d'entreprises choisissant de se diversifier. Ces dernières peuvent être compétitives du fait d'une connaissance de métiers acquise dans d'autres secteurs ou dans d'autres pays.

3. **Le pouvoir de négociation des fournisseurs**

Les relations de l'entreprise ou d'un domaine d'activité avec ses fournisseurs sont importantes : des fournisseurs puissants peuvent fixer leurs conditions en termes de prix ou de qualité. Les coûts d'approvisionnement sont alors élevés.

A l'inverse, si le segment des fournisseurs est éclaté, avec de nombreux fournisseurs peu organisés, leur poids sera faible et donc leur influence moindre.

4. La pression des clients

Dans l'analyse de l'environnement, il faut aussi intégrer le poids des principaux clients : s'ils ont un pouvoir de négociation fort, ils influencent la rentabilité du marché avec leurs exigences sur les prix, les services ou encore les conditions et délais de livraison.

Le choix des clients pour une entreprise (quand elle le peut) est stratégique car elle doit absolument éviter de se retrouver en situation de dépendance forte vis-à-vis d'eux.

Ce poids peut s'évaluer par :

- le degré de différentiation des produits
- le degré de concentration des clients (par exemple très concentré dans la grande distribution pour les producteurs)

5. La menace de produits/services de substitution

Elle en grande partie liée à l'évolution technologique et à l'innovation. Ces produits doivent être considérés comme dangereux s'ils :

- améliorent le rapport qualité/prix

- viennent d'un secteur où les profits sont élevés (libèrent de forts moyens de communication, marketing et commerciaux pour pénétrer le marché).

Observer, exercer une veille active du secteur, anticiper sont les meilleurs moyens de voir venir les menaces et de réagir pour une entreprise.

Synthèse : L'analyse SWOT

Votre offre et la capacité de réaction de l'entreprise bien évaluées, il ne vous reste plus qu'à vous pencher, en détail, sur ses forces et ses faiblesses ainsi que les opportunités et les menaces ; c'est l'analyse SWOT (Strengths, Weaknesses, Opportunities, Threats).

Positionnez-les de manière exhaustive sur cette matrice. Cette présentation vous donnera une vision synthétique de l'état des lieux. Afin de ne rien oublier, tracez un grand tableau au mur ou sur un large paper-board et collez des post-it au fur et à mesure que vous viennent les idées à ranger dans l'une de ces 4 catégories.

<table>
<tr><th>Forces</th><th>Faiblesses</th></tr>
<tr><td colspan="2">Examen critique de l'entreprise elle-même : ressources humaines, physiques (installations, équipements), financières, ses savoir-faire et compétences et ceci, pour chacun des domaines stratégiques de l'entreprise s'il y en a plusieurs.</td></tr>
<tr><th>Opportunités</th><th>Menaces</th></tr>
<tr><td colspan="2">Examen critique de l'environnement : le marché, la concurrence, la technologie, l'évolution de la société, l'environnement politique et économique, local et international.</td></tr>
</table>

Une fois soigneusement remplie cette matrice, foncez sur vos points forts et ne tentez pas de corriger vos points faibles ; allez à la rencontre des opportunités et fuyez les menaces.

L'esprit d'entreprise n'est pas un combat de preux chevalier. Personne ne vous demande d'avoir du panache. Votre rôle est de conduire, avec efficacité, une communauté de femmes et d'hommes vers l'horizon de votre vision, de la façon la plus sûre possible.

Faites de ces analyses une discipline annuelle

Ces 3 analyses : produits, environnement, SWOT, prennent relativement peu de temps. Je vous recommande de les actualiser chaque année, en introduction aux travaux de préparation des budgets et objectifs de l'exercice à venir. C'est l'occasion de considérer l'entreprise dans un contexte économique plus large, ce qu'on ne fait pas forcément au jour le jour, et d'intégrer les prévisions à court terme dans une perspective stratégique. C'est aussi l'occasion de mesurer le chemin parcouru et celui qui reste à parcourir vers l'horizon de la vision. C'est enfin le moment où, si elles sont nécessaires, des révisions doivent pouvoir être actées.

CHAPITRE 3

PRERREQUIS DE L'EXECUTION STRATEGIQUE

Si nous abordons ici un aspect plus opérationnel, apparemment éloigné de la réflexion approfondie qui préside à la conception d'une bonne stratégie, c'est parce que nous considérons que le chef d'entreprise qui veut réussir, doit incorporer dans sa pratique quotidienne du management entrepreneurial des techniques qui seront autant d'atouts pour l'accomplissement de son parcours vers sa vision.

Ces prérequis sont nécessaires et font partie intégrante du concept stratégique de la méthode **perform'up®**. Ils s'insèrent entre le leadership (Tome 1) et la deuxième partie de ce tome : « La direction doit diriger » parce qu'ils impliquent un investissement personnel du dirigeant :

- Un leitmotiv : le client, seule raison d'exister de l'entreprise et sa représentation par le dirigeant en son sein,
- Une valeur : l'homme, au cœur de l'entreprise,
- Trois techniques dont il devra maîtriser les clés : les mécanismes de formation des prix, l'analyse de la valeur et le benchmarking,
- Une ambition : celle de se développer sans frontière,

Au nom du client

Pourquoi inscrire le thème de la satisfaction du client dans un chapitre sur les prérequis de l'exécution stratégique ? Parce que si entreprendre est d'abord un état d'esprit, le but de toute entreprise est de servir des clients. Le sens du client est une culture et cette culture n'est pas innée. Si, pour toute entreprise, bien servir le client doit être en soi un impératif quotidien, cela devient, lorsqu'elle veut se développer rapidement, l'unique moyen de « booster » ses performances.

Il faut placer la satisfaction du client avant n'importe quel autre objectif, focaliser la totalité de l'effectif sur le client, susciter une véritable obsession du service et de la gentillesse parce que bien connaître et bien servir le client font aussi découvrir aux employés de tous niveaux le sens de leur travail.

C'est leur façon de traiter les clients qui fait le succès de toutes les entreprises qui réussissent. Connaître le client et savoir ce qu'il veut doit être pour vous une idée fixe que vous partagerez avec l'ensemble du personnel en mettant personnellement le client toujours à la première place et en le démontrant par votre comportement quotidien.

Mettez le client au cœur de l'entreprise

Henry Ford, déjà, au début du siècle dernier, martelait que *" servir, ce n'est pas seulement répondre à un besoin, ce n'est pas seulement satisfaire un client, c'est tout à la fois, répondre, contenter et faire en sorte que le client ressorte de la transaction avec une énergie plus importante, un sourire plus grand, un regard plus large, avec, peut-être, un supplément d'être ou un supplément d'âme ".*

A partir du moment où vous aurez intégré que vous êtes là pour faire réussir le client, vous éliminerez les barrières qui empêchent les employés de le servir de façon efficace. Cela entraînera à la fois la satisfaction des clients et la réduction des coûts. Souvent d'ailleurs, la passion de servir primera le produit.

- Veillez donc à intégrer le client dans l'entreprise. Demandez-lui son avis ainsi qu'aux employés et aux fournisseurs, sur les barrières qui empêchent l'organisation d'être réellement à son service.
- Pratiquez une approche individualisée de la clientèle même si cela prend beaucoup de temps.

- Parlez avec les mots du client. Oubliez votre jargon professionnel et permettez ainsi qu'il vous comprenne bien.
- Associez-le à vos projets pour mieux cibler ses exigences et respectez la règle : promettre moins, fournir plus.
- Observez comment vos concurrents traitent vos clients et faites mieux.
- Concédez, enfin, que l'essentiel, en affaire, est de tenir parole, quitte à perdre de l'argent. C'est de confiance dont vous avez besoin, avant tout.
- Ne vous fiez pas qu'aux chiffres visibles: quel est, par exemple, le coût d'un client satisfait?

Mettez-vous dans la peau du client

Gardez présent à l'esprit que le client n'est pas un élément de la vie de l'entreprise mais que c'est l'entreprise qui est un élément de la vie du client. Il vient à vous pour chercher la solution à un problème, pas pour s'en créer d'autres. S'il trouve chez vous cette solution, il sera satisfait, aura confiance et enverra d'autres clients. Il faut donc être à l'affût de ses besoins :

- Faites des enquêtes régulières, auprès des consommateurs et auprès des réseaux de distribution. Vous manquez de moyens ? Un système de cartes de satisfaction sur les lieux de vente (comme dans les hôtels), est peu coûteux et très instructif. Vous pouvez aussi interroger le client par courrier ou par internet grâce à un questionnaire ciblé. Pour un prix à peine supérieur, des entretiens au téléphone bien conduits donnent d'excellents résultats. Surtout, bons ou mauvais, diffusez toujours les résultats.
- Suscitez les réclamations ; les clients se plaignent rarement. Il faut qu'un client soit vraiment excédé pour

qu'il prenne son téléphone ou sa plume pour se plaindre. Les autres se contentent de vous remplacer comme fournisseur sans prendre la peine de vous en informer. Toutes les formules sont bonnes pour faciliter la remontée des réclamations. Encouragez-les et veillez à leur amplification.

- Intéressez-vous de près aux clients qui vous lâchent. Une étude publiée dans « Harvard Business Review » prétend qu'une entreprise perd en moyenne la moitié de ses clients tous les cinq ans. A chaque fois qu'un client s'en va, il faut donc analyser scrupuleusement les raisons de sa défection et y remédier pour garder les autres.
- Téléphonez-vous, quand vous êtes en déplacement ; faites téléphoner vos amis. La façon dont une entreprise organise son accueil et répond au téléphone est révélatrice de son sens du client.
- Utilisez des " clients mystères " dans votre réseau de distribution. C'est un peu cher, c'est vrai, mais combien utile.

Diffusez la voix du client dans votre entreprise

Tordez donc le cou à une idée reçue : le client n'est pas là pour vous ruiner. Celui qui a écrit que " *là où le client est roi, les fournisseurs sont pauvres* ", avait sans doute de l'esprit mais bien peu de jugeote. Le client, sauf à de rares exceptions près, est de bonne foi, sincère et honnête. Il faut cesser de prendre les clients pour des voyous et créer de lourdes procédures de retours sous garantie ou d'échange. Comme en politique, un certain nombre d'entreprises font des lois pour les 5 pour cent de la population qui se comportent mal et construisent ainsi une bureaucratie - dont l'objectif devient rapidement l'autojustification - pour les appliquer. On veut gagner la confiance du client ? Commençons par la lui accorder.

Pour autant, ne vous appropriez pas le slogan " *Satisfait ou remboursé* ", remboursez, c'est tout ! Cet argument, pourrait faire croire au client qu'il existerait un risque qu'il ne soit pas satisfait et qui, par ailleurs, ne démontre plus, aujourd'hui son efficacité sur la progression des ventes.

Amazon est l'illustration même d'un dévouement sans limite au client comme le montre cette anecdote. *Il y a quelques années, le service après-vente d'Amazon avait reçu l'appel d'un client New-Yorkais qui prétendait ne pas avoir reçu la console de jeux qu'il avait commandé. Le bordereau de livraison avait été signé par son voisin. Une histoire embrouillée, d'entrée de jeu. Amazon avait alors décidé, sans discuter, de lui envoyer une seconde console. Coup de chance et c'est ainsi que cet incident et sa solution ont été rendues publiques, le client était un journaliste qui s'est alors fendu d'un article élogieux dans le New York Times.*

Tirez-en les leçons :

- Passez à une relation agréable et valorisante pour le client en acceptant ses arguments,
- Apprenez à connaître vos clients mieux qu'ils ne se connaissent eux-mêmes en communiquant avec eux et en les écoutant,
- Associez-les aux procédures internes qui les concernent,
- Eliminez celles qui leur sont défavorables, sauf exception. Mais si exception il y a, mesurez le rapport entre le préjudice porté au client et le dommage qui pourrait résulter, pour votre entreprise, de son application,
- Calibrez chaque action en fonction des besoins et des attentes du client,
- Le client final, le client intermédiaire, le client interne : s'il y a débat, c'est toujours le client final qui a le dernier mot,

- Servez-vous de la satisfaction du client comme norme d'évaluation du succès,
- Souvenez-vous aussi que la vente commence après la vente : un client chouchouté, une fois la vente réalisée, reviendra naturellement à son prochain achat. Qui peut dire ce que coûte un client perdu ?
- Mettez chaque collaborateur, quelle que soit sa fonction, à la vente, pour commencer, et demandez-lui d'y retourner à chaque nouvelle promotion. Il ne doit jamais oublier pour qui il travaille. Vous veillerez aussi à ce que chaque membre du personnel ait, sous une forme ou une autre, un lien direct avec le client,
- Lorsque des normes sont nécessaires à l'entreprise, elles ne doivent être établies qu'en fonction des exigences du client, et la conformité de l'entreprise à ces normes doit être vérifiée en fonction du même critère.

Wal Mart, aux USA, entretient à l'entrée de chacun de ses magasins, un brigadier en uniforme pour souhaiter la bienvenue au client et chaque membre du personnel qui croise un client à moins de 3 mètres a l'obligation de le saluer à haute voix. Chez Auchan, on a instauré le S.B.A.M. comme règle de conduite permanente (Sourire, Bonjour, Au-revoir, Merci).

Laissez faire les spécialistes du service client

" *Nous sommes tous des vendeurs* " proclament parfois des chartes d'entreprises. Oui, mais certains sont plus vendeurs que d'autres. Détectez-les et demandez-leur de partager leurs recettes. Quand on est proche du client, on apprend de ceux qui le servent le mieux.

Pour réussir, vous devez donner la priorité à la vente ; n'hésitez pas à le montrer :

- Créez le " champion du service-client du mois " et récompensez-le,
- Trouvez la formule, adaptée à votre entreprise, qui permette de mesurer chaque jour la satisfaction du client ; affichez les résultats et récompensez le personnel sur ces bases,
- Organisez des séminaires de satisfaction du client pour votre personnel ; associez-y ensuite, le cas échéant, votre réseau de distribution,
- Ne proposez de promotion qu'à ceux qui démontrent leur dévouement constant aux clients, surtout pas à ceux qui ne font qu'avoir les yeux toujours rivés sur vous et tournent le dos à la clientèle,
- Veillez à ce que toute l'énergie perdue à l'intérieur de l'entreprise, dans les rapports hiérarchiques et les luttes de citadelles soit redirigée vers les clients, trop longtemps oubliés ou méprisés.

Au nom du client, vous adopterez et colporterez partout que l'entreprise a pour activité principale le service au client, toute autre fonction n'étant que secondaire.

Formation des prix

Nous entrons ici dans un processus complexe qui exige, à la fois beaucoup de doigté dans la recherche du bon positionnement et de l'autorité dans l'application, les prix fixés étant toujours trop chers pour la majorité des commerciaux.

Quand on parle de prix, c'est évidemment de la marge de l'entreprise dont il est question. Car si le client paye un prix, ce qu'il attend, en contrepartie, c'est de la valeur. Le prix d'un produit/service doit donc s'établir par rapport à la concurrence et par rapport aux objectifs de rentabilité fixés. Il ne s'établit plus en fonction du prix de revient, d'où l'importance du contenu et du caractère différenciant d'un produit : un produit/service innovant n'a pas de prix ; et si un produit/service s'impose par une qualité supérieure, il serait absurde de le vendre au même prix que les autres. Au final, c'est toujours le consommateur qui fixe le prix qu'il accepte de payer.

Parfois, c'est parce que la concurrence l'a déjà positionné dans l'esprit du consommateur que vous devez vous y conformer. Mais le dernier mot revient toujours au client qui fixe l'élasticité du marché par rapport au prix et qui accepte ou non de payer pour les qualités que vous pensez avoir incorporées au produit/service. La théorie veut donc qu'on fixe le prix de vente et l'objectif de bénéfice ; il ne reste alors qu'à arbitrer entre les coûts. Or, comme la marge doit aussi compenser les inévitables échecs qu'une politique dynamique de lancement de produits engendre, si on suit cette théorie à la lettre, il y a fort à parier qu'on n'ira pas très loin.

Il arrive, c'est fréquent dans les grandes entreprises que la détermination des prix soit laissée à tel ou tel service. Dans le management entrepreneurial, selon la méthode **perform'up®**, la préparation des décisions, en particulier l'analyse des contraintes et l'argumentation sur le positionnement, doit être confiée à une équipe transverse qui réunira toute l'information nécessaire à la prise de décision. Le dirigeant tranchera ensuite personnellement car la fixation des prix de ventes, par son incidence directe sur la marge et la croissance est une décision hautement stratégique. Elle ne saurait être déléguée.

Nous vivons aujourd'hui une période de croissance faible. Il vous faut donc de vraies marges. L'habileté va consister à chercher des points de marge supplémentaires en appliquant des méthodes qui ont fait leurs preuves :

- Différenciez vos produits ; sortez-les du lot commun. Même sur un marché très concurrentiel où les produits se ressemblent tous, vous pourrez toujours trouver des fonctionnalités ou un design qui autorise un prix légèrement plus élevé. Vous pourrez ainsi transformer vos avantages concurrentiels en arguments que les vendeurs présenteront toujours longuement avant de livrer le prix.
- N'offrez que les versions standards de base pour apparaître plus compétitifs et multipliez les options apporteuses de fortes marges. Les constructeurs automobiles sont passés maîtres en la matière. Accompagnez votre offre produit/service d'une offre service complémentaire optionnelle. *Darty propose ainsi des extensions de garantie, des assurances, du financement.* Outre le service additionnel que vous rendez à votre client, les confortables ristournes des prestataires amélioreront votre résultat opérationnel.
- Recherchez soigneusement le cycle temporel des ventes, produit par produit. S'il présente une amplitude significative, pratiquez-le "yield management", soit directement par le prix, les primes, rabais et promotions, soit par les conditions tarifaires consenties si vous gérez des réseaux de vente ; ce sont encore quelques points de marge à gagner par rapport à une offre linéaire (Cf. page 84).

Pour fixer le "prix juste", il est nécessaire de bien connaître sa clientèle, ses concurrents et ses coûts.

Quatre approches complémentaires doivent donc être prises en compte :

- Détermination du prix par l'analyse de la demande (clientèle)
- Détermination du prix par l'analyse de la concurrence

- Détermination du prix par l'analyse des coûts (prix de revient)
- Détermination du prix par la variation de la demande (Yield Management)

Les prix par l'analyse de la demande (clientèle)

"Le client est roi" : cette expression populaire se vérifie d'autant plus lorsque vient le moment de fixer un prix. Aujourd'hui, le consommateur est non seulement très attentif au prix du marché (surtout en période de faible pouvoir d'achat) mais, grâce à Internet, il est également de mieux en mieux informé. Il est ainsi capable de comparer les prix pratiqués pour un même produit.

Lorsque les prix sont identiques sur sa zone d'achat, le client choisira l'entreprise auprès de laquelle il trouvera le maximum d'avantages :

- qualité de conseil,
- garantie,
- service après-vente,
- installation sur site,
- échange,
- satisfait ou remboursé,
- choix de produits,

De la même manière, le consommateur est prêt à payer un produit ou une prestation plus cher(e) que les concurrents, s'il le (la) juge de meilleure qualité.

Un prix plus élevé se justifie également s'il s'agit d'une nouveauté technologique, de se faire plaisir, d'achats de dépannage... *Par exemple : "Mon boulanger vend la baguette 10 % plus chère que ses concurrents mais cela ne m'empêche pas d'être un client régulier. Il est de plus en plus rare de trouver du bon pain."*

Sur un marché en perpétuelle évolution, il est donc important de bien connaître la « psychologie d'achat » du client afin de lui proposer le produit recherché, au prix qu'il est disposé à payer. Cette connaissance du client est nécessaire dès la mise en place du projet de création d'entreprise et devra perdurer tout au long de la vie de l'entreprise.

Est-ce la fin du rapport "Qualité-Prix" ?

Cette notion, chère à de nombreux analystes des années 80-90, n'est plus toujours vérifiable.

En effet, l'article de qualité n'est plus synonyme de prix élevé, notamment en raison du développement de nouveaux moyens de distribution (e-commerce par internet, concurrence de plus en plus agressive des grandes surfaces).

Ainsi dans le cadre de la tarification, le porteur de projet doit interroger ses clients potentiels pour mesurer :

- leur connaissance des prix pratiqués sur le marché : comme cela a été évoqué précédemment, le consommateur est de plus en plus informé des prix du marché. Il s'agit de l'interroger sur sa connaissance des prix pratiqués. De plus, pour affiner l'analyse, il sera nécessaire au moment de la phase d'étude de la demande, de connaître la fréquence et le lieu du dernier achat.
- leurs attentes de prix (prix psychologique) : Le prix psychologique correspond au prix commercialement acceptable par le plus grand nombre des clients potentiels de l'entreprise.

Deux questions doivent donc être posées aux clients :

- Au-dessous de quel prix le produit/service ne serait-il pas bon ?
- Au-dessus de quel prix serait-il cher ?

L'analyse des résultats permettra de fixer le prix acceptable par le plus grand nombre de clients. Pour mesurer les connaissances et attentes, l'entreprise utilisera la technique du questionnaire ou de l'entretien.

Attention toutefois ! Il faut être prudent dans l'analyse des résultats. Ces enquêtes donnent des indications sur des tranches de prix mais elles ne déterminent pas précisément un prix fixe.

En effet, entre l'intention d'achat à un prix donné et le prix d'achat réel, un décalage important peut être observé.

Les prix par l'analyse de la concurrence

Une analyse de la clientèle est un préalable mais ne suffit pas. Il est également nécessaire d'analyser les prix pratiqués par la concurrence. Cette étude peut prendre la forme d'un relevé de prix sur le terrain.

Il faut prendre en compte le contexte de ces relevés, car si l'un des concurrents a lancé une opération de communication, il aura mis en avant certains produits (effet d'appel). Ces opérations promotionnelles sont limitées dans le temps.

Un conseil : Si le prix est supérieur à la concurrence, il faut proposer au client un "plus concurrentiel". C'est-à-dire un service, un avantage perceptible de la clientèle et qui "justifie" la différence de prix. Et il faut bien sûr que ce prix corresponde aux attentes du client.

Les prix par l'analyse des coûts (prix de revient)

Il est primordial de connaître précisément le prix de revient car, dans le cas contraire, l'entreprise risquerait de vendre "à perte".

Le prix de revient correspond à la somme des coûts que supporte l'entreprise pour mettre sur le marché le bien ou le service considéré, à tous les niveaux, depuis sa fabrication, jusqu'à sa distribution et sa promotion.

Ces coûts comprennent :

- Des coûts **directs** (fixes ou variables)
  - achat de marchandises et/ou de matières premières,
  - rémunérations (salariés, dirigeant), recours à des sous-traitants, entretien du matériel et outillages, amortissement des machines, etc.

- Des coûts **indirects** (fixes ou variables)
  - étude de marché, publicité, commissions...
  - frais généraux et financiers (loyer, électricité, assurances...), frais de recherche et développement, etc.

Dans le cas d'une création d'entreprise, le prix de revient exact ne pourra être calculé qu'après avoir établi toutes les prévisions financières. Attention, ne pas oublier de le recalculer ultérieurement !

Vous attacherez une grande importance à la fixation des prix de vente car c'est une des décisions dont l'impact sur le résultat opérationnel est le plus marquant. A coût égal, 3% de plus sur un prix de vente, ce qui n'est pas grand-chose, ce sont 3 point de marge nette en plus à votre compte de résultat, ce qui est beaucoup.

Les prix par le Yield Management

Les compagnies aériennes et même, plus récemment, cette vieille dame qu'est la SNCF, ont fait du "yield management" un instrument déterminant de leur politique commerciale. Mais on le sait moins, des secteurs plus traditionnels comme l'industrie de la machine agricole, le pratiquent, de façon élémentaire il est vrai, depuis plus de cinquante ans.

Le yield management est l'adaptation de la tarification au cycle de ventes. Il permet l'amélioration des résultats par une meilleure gestion des capacités. Selon que le niveau de la demande est élevé ou, au contraire, faible, la tarification de l'offre sera ajustée à l'inverse pour tenter de linéariser autant que faire se peut le chiffre d'affaires, la demande étant censée s'adapter, en partie au moins, aux variations du prix de l'offre.

L'impact du "yield management" est fort sur les marges sous réserve que les coûts variables soient faibles. Le lissage du chiffre d'affaires qu'il permet, conduit à une baisse des prix de revient ou des coûts d'intervention par une utilisation plus rationnelle des ressources de l'entreprise, particulièrement des ressources humaines. La technique est vraiment efficace. Pour bien l'appliquer, quatre préalables :

- Concentrez vos efforts sur les clients ou les canaux de distribution offrant la meilleure contribution.
- Inversement, faites la chasse à tous les produits/services ou clients non rentables.
- Soignez la tenue de vos statistiques de ventes en volume pour pouvoir les lisser sur une longue période et faciliter ainsi vos prévisions.
- Mettez en œuvre un plan de réduction des prix de revient fondé, pour l'essentiel, sur l'analyse de la valeur.

Elle vous permettra d'offrir au bon moment, la bonne quantité d'un service spécifique au bon prix. C'est un outil décisionnel : « au bon moment, la bonne information à la bonne personne. »

Benchmarking

Indissociable de la mesure du progrès, le benchmarking est une technique que vous pratiquerez en permanence pour toutes les fonctionnalités de l'entreprise. D'ailleurs, tout chef d'entreprise en a fait, un jour ou l'autre, sans le savoir, comme le Bourgeois Gentilhomme faisait de la prose.

Le mot « benchmark » signifie borne. Le benchmarking est un étalonnage, un processus qui, d'abord, mesure des écarts concurrentiels :

- Combien ?
- Où ?
- Comment ?

Puis, propose des méthodes pour :

- Améliorer la connaissance
- Améliorer les méthodes
- Améliorer les processus

Le benchmarking se veut une évaluation en continu de nos produits, services et méthodes par rapport à ceux de nos concurrents ou d'entreprises leader.

C'est un outil incomparable pour mesurer le progrès, d'abord, mais aussi et surtout, pour identifier ses propres problèmes et s'améliorer. Rappelons, sans trop entrer ici dans le détail de cette technique, que le benchmarking ne se limite pas à comparer des données concurrentielles publiques ou semi-publiques entre elles, mais qu'il permet à des concurrents de se rencontrer et d'échanger quantitativement et qualitativement leur savoir-faire respectif dans certains domaines et ainsi développer ou améliorer sensiblement un domaine qu'ils ne maîtrisent pas. Mais on peut aussi benchmarker avec des entreprises non concurrentes pour adapter leurs meilleures pratiques. Vous pourrez ainsi vous améliorer en observant celles qui ont résolu les problèmes auxquels vous êtes confrontés.

Ainsi, aux USA, Motorola a choisi Domino's Pizza comme benchmark pour raccourcir ses délais de livraison.

Il ne faut jamais hésiter à s'inspirer ou même à carrément copier les meilleures pratiques où que vous les trouviez. Les autres sont une source d'inspiration et d'idées permanente. *" copier, c'est gagner !"*, disent les spécialistes de la discipline. Steve Jobs était d'ailleurs un pratiquant zélé de la formule.

Vous pouvez aussi, très rapidement, faire des benchmarking sommaires en comparant, par exemple, les bilans de vos concurrents avec le vôtre et, dans la limite des données publiées, mesurer les postes comptables sur lesquels vous avez des écarts significatifs.

Tout l'intérêt du benchmarking est alors de fixer des objectifs concrets, en rapport avec les performances des meilleurs de vos concurrents, dans la mesure où vous pouvez, effectivement, faire des comparaisons pertinentes.

C'est un moyen particulièrement efficace, d'établir des standards de rentabilité ambitieux puisque le but sera de rivaliser avec les meilleurs.

Déroulement technique

Il est bien sûr naturel de faire du benchmarking « en chambre », en se procurant par tous les moyens légaux possibles les informations publiées par les concurrents où entreprises leader. Mais il est souvent souhaitable d'engager une étude comparative avec échange physique.

Comme toutes les techniques, lorsque vous le pratiquez dans toute son acception, un vrai benchmarking a alors besoin d'une préparation rigoureuse. Avant chaque visite que vous rendrez ou qui vous sera rendue, il convient de fixer des objectifs précis. Après chaque visite, il faut effectuer un débriefing méthodique, analyser et synthétiser l'expérience, traduire ce qui a été appris par des actes concrets et faire circuler cette nouvelle connaissance dans l'entreprise.

Le mieux, pour comparer quantitativement et qualitativement les meilleures pratiques dans les domaines que vous pensez susceptibles d'amélioration, est de procéder ainsi :

1. **Définir votre cible** :

    - en interne, un des services de l'entreprise,
    - un concurrent,
    - une autre entreprise, hors du métier pratiqué

    et obtenir de pouvoir procéder à une étude de processus. S'il s'agit d'un concurrent, il est probable qu'il acceptera de vous recevoir mais qu'il demandera à pratiquer la réciproque, chez vous, pour un processus dans lequel il considère que vous avez une meilleure pratique que lui. *C'est ainsi qu'il y a une quinzaine d'années, Renault et Mercedes ne se sont pas rencontrés : Renault voulait décortiquer le processus " qualité " de Mercedes qui avait donné son accord sous réserve de pouvoir étudier le processus de conception et de lancement des petites voitures, ce que Renault a finalement refusé.*

2. **Préparer la visite :**

- Constituer le groupe de progrès stratégique spécifique
- Commencer par décrire exactement votre processus
- Elaborer un questionnaire détaillé à envoyer au correspondant préalablement à la visite
- Rendre visite physiquement au correspondant et commencer les échanges.

3. **Réaliser la mission, le debriefing, engager les plans d'action et… recommencer.**

Analyse de la valeur

L'analyse de la valeur est une méthodologie permettant d'obtenir de meilleurs résultats économiques en ajustant toutes les caractéristiques d'un produit aux besoins exacts des clients.

C'est la relation entre la qualité ou le degré de satisfaction perçu et le prix qu'il est prêt à payer.

Chaque entreprise définira, pour ses produits/services, les critères de choix des clients au sein du couple offre/prix et organisera le travail d'analyse autour de son amélioration permanente. Il s'agit là d'une source d'amélioration de rentabilité colossale, l'augmentation des résultats économiques étant la conséquence directe d'une offre client meilleure. *Le succès extraordinaire de la Twingo, à partir de 1993, est lié à un processus méthodique d'analyse de la valeur, dès la conception du véhicule, y compris dans le niveau des investissements requis. C'est parce que l'équipe qui a conçu la Twingo n'a jamais été laxiste dans le suivi de sa méthode que les résultats furent au rendez-vous, tant au niveau du client qui plébiscita la voiture, qu'au niveau de l'entreprise pour qui elle représenta une contribution non négligeable et la découverte d'un segment de marché ignoré jusqu'alors.*

L'analyse de la valeur doit être considérée comme une démarche systématique. On ne fait pas de l'analyse de la valeur une fois, de temps en temps, on en fait en permanence. *Le Digicube de Sony, radio-réveil d'excellente qualité est sorti au début des années 1970. Il est toujours en vente, mais sa version 2014 n'a plus rien à voir avec celle du début. Série après série, année après année, les ingénieurs de Sony l'ont modifié par petites touches pour le rendre toujours plus fonctionnel et toujours plus économique à produire. Le résultat est un best-seller permanent pour Sony, d'une durée de vie qui a dépassé 40 ans. Sa contribution bénéficiaire doit être considérable.*

Quand un groupe de progrès stratégique « analyse de la valeur » est constitué, l'entreprise bénéficie également de ce qu'on appelle « l'effet de gamme ». Au sein d'une même gamme, en effet, il est de règle de chercher à standardiser certains composants ou sous-ensembles. Les résultats de l'analyse de la valeur sur un produit peuvent alors souvent se décliner directement sur les autres produits de la gamme.

Nous l'avons vérifié dans le mécanisme de formation des prix, votre offre produit et son prix doivent être conformes à ce que le client attend. Ce n'est pas la peine d'en proposer plus : vous mécontenteriez éventuellement un client qui souhaite exactement le produit correspondant à son besoin. De surcroît, vous risquez peut-être de le perdre, si le plus que vous avez incorporé au produit et dont il ne veut pas forcément vous conduit à fixer un tarif supérieur à celui qu'il attendait. Et si vous lui offrez ce plus, c'est votre marge qui plonge inutilement.

Mettez en place un groupe de progrès stratégique « analyse de la valeur », dont vous suivrez personnellement les travaux. Ce groupe comprendra au-moins un représentant du marketing, des achats et de la production, ce dernier en assurant le suivi. Il se réunira chaque semaine et passera en revue tous les produits existants ainsi que les produits à venir, avec l'œil de l'utilisateur, et associera les fournisseurs à cette démarche.

L'objectif est de gagner en marge brute ou en compétitivité ou les deux, pour améliorer le chiffre d'affaires et la rentabilité. Aussi, le suivi de cette démarche fera-t-il l'objet d'un chiffrage détaillé des gains et de leur utilisation.

Quand le tour des produits sera fait, le groupe de progrès stratégique recommencera au début – à chaque fois qu'on recommence l'analyse d'un produit on trouve encore mieux et encore moins cher –. Avec ces nouveaux avantages compétitifs, vous transformerez une logique de moindre prix en une logique de valeur ajoutée. Vous détecterez aussi les avantages technologiques qu'il est possible de valoriser et de vendre et ceux qui réduisent les coûts. Vous maîtriserez enfin les prix-cibles dès la phase de conception des produits.

La bonne formule, pour attaquer un programme d'analyse de la valeur, est de classer en hit-parade de chiffres d'affaires décroissants, les produits à analyser. Ainsi, l'impact maximum sera obtenu dès le début du processus et votre marge nette vous en sera tout de suite reconnaissante.

L'analyse de la valeur est une technique toujours gagnante et qui nécessite peu de moyens pour un résultat tangible et quasi-instantané.

L'international, c'est tout de suite

Ne croyez pas qu'attaquer l'international d'entrée de jeu soit une démarche hasardeuse. De nos jours, avec le développement spectaculaire d'Internet et des réseaux sociaux, tous les métiers d'avenir sont devenus mondiaux. Si vos produits/services se vendent sur votre territoire domestique, s'ils bénéficient de barrières technologiques ou de l'avantage du primo-accédant sur un marché, vous devez vous attaquer, d'entrée de jeu, à leur diffusion au niveau mondial.

L'international est, cependant, un gros consommateur de ressources humaines et financières, ce dont les PME ne disposent pas forcément. Il faut donc agir avec souplesse, tout en restant cohérent sur l'essentiel.

Respectez quelques étapes incontournables.

Gardez produits et services homogènes

Vos produits ou vos services se développent bien et correspondent à un réel besoin. Ne les laissez pas se dénaturer quand ils passent les frontières ; gardez la maîtrise de votre cœur de métier. Acceptez les quelques modifications qui peuvent être rendues nécessaires par l'adaptation technique ou l'adaptation au goût des consommateurs locaux mais gardez bien le contrôle des éléments essentiels. Votre offre dans ce qu'elle a d'unique, ne doit pas se dénaturer en passant les frontières.

Ciblez vos implantations

Avant de vouloir établir des filiales dans tous les pays, ce qui ne peut que vous conduire à l'asphyxie, accueillez avec intérêt les demandes que vous ne manquerez pas d'avoir et étudiez les propositions qui vous seront faites. Un partenariat - les formes en sont nombreuses - est certainement le meilleur moyen de démarrer dans un nouveau pays. Préférez alors un natif du pays ; il en comprend toutes les subtilités. Associez-vous alors avec lui. Si un jour, vous voulez tout maîtriser seul, personne ne pourra vous en empêcher. Mais au moins aurez-vous entre temps démarré. Et si vous devez alors embaucher un collaborateur pour diriger votre filiale, prenez toujours un autochtone. Il sera beaucoup mieux à même de « sentir » les situations qu'un expatrié, par nature étranger à la culture et aux reflexes locaux.

Pérennisez votre développement international

Agissez en réseau et, quelle que soit la forme de votre partenariat, jouez le jeu en étant transparent et ouvert au partage. En associant chacun de vos partenaires au développement et à l'amélioration de votre offre, vous obtiendrez, en retour, fidélité et contribution continue à l'innovation technique et commerciale.

Gare aux erreurs stratégiques

En matière de stratégie, votre pire ennemi, c'est vous-même ! Votre processus d'analyse et de réflexion doit se dérouler dans la plus grande objectivité pour qu'il n'y ait absolument aucun doute au moment d'arrêter vos décisions.

Veillez donc à éviter les erreurs suivantes :

Les erreurs d'attitude

- Absence de conviction
- Ouverture insuffisante sur l'extérieur
- Insensibilité aux mouvements de fond de la société

- Optimisme excessif
- Prédominance donnée au court terme
- Incapacité à identifier les opportunités
- Aveuglement face au danger
- Imagination insuffisante
- Peur excessive du risque
- Mépris pour ce qui vient d'ailleurs
- Assoupissement sur ses lauriers

Les erreurs de processus

- Centralisation excessive
- Organisation stratégique inadéquate
- Connaissance insuffisante des résultats
- Précipitation
- Manie analytique (Analyse = Paralysie)

Les erreurs de stratégie proprement dites

- Ambition stratégique trop timorée
- Conduite au rétroviseur
- Croissance mal contrôlée
- Croissance externe excessive
- Diversification débridée
- Confiance trop grande en la publicité
- Recours excessif au prix de vente comme arme stratégique

Les erreurs de mise en œuvre

- Communication interne insuffisante
- Insuffisance des adaptations
- Insuffisance des moyens

"Il n'y a pas de mal à changer d'avis, pourvu que ce soit dans le bon sens" disait Winston Churchill. N'hésitez donc jamais

à remettre en cause une direction qui s'avère inappropriée. Un virage stratégique est plutôt un exemple de vivacité et personne n'est infaillible. *" Errare humanum est, perseverare diabolicum "*.

Les théoriciens du management s'étonneront peut-être de l'amalgame fait, dans ce chapitre, entre réflexion stratégique et utilisation d'outils techniques. C'est bien sûr volontaire, la stratégie étant pour moi la mise en œuvre des moyens et des ressources dont on dispose pour aller d'où on se trouve vers où on veut être dans un avenir plus ou moins lointain.

Je pense que la réflexion stratégique d'un dirigeant de PME ou d'ETI doit s'appuyer sur sa capacité à identifier les forces et les faiblesses de son entreprise, les opportunités et les menaces environnantes et à concevoir son développement autour de son offre, du marché et de sa concurrence.

Mais un concept stratégique complet inclut également, de mon point de vue, le choix du mode d'action, en mettant le client en tête des priorités de l'entreprise et en décidant de faire du monde son terrain de jeu, par exemple. Il inclut aussi la maîtrise des principales clés qui doivent rester sous le contrôle direct du chef d'entreprise, par les informations et par les leviers d'action qu'elles lui donneront : Formation des prix, benchmarking, analyse de la valeur, sont des techniques. Ces techniques sont des outils dont l'efficacité est la plus grande quand ils sont utilisés au sein de groupes de progrès stratégiques transverses, animés directement par le dirigeant. Chacun sait qu'une bonne stratégie n'a de valeur que dans le détail et la qualité de son exécution.

CHAPITRE 4

L'EXECUTION STRATEGIQUE

L'exécution d'une stratégie repose d'abord sur la discipline que s'impose le chef d'entreprise. Chaque jeu a ses règles, chaque métier aussi. Il lui appartient d'abord de bien les connaître pour pouvoir prétendre gagner. Il est ensuite de son devoir de privilégier la réalisation des objectifs afin de créer et de faire fonctionner « la machine à produire des résultats ». Son action quotidienne se nourrit de 5 principes :

1. **Fixer des objectifs,**
2. **Identifier et ne pas tolérer les problèmes,**
3. **Diagnostiquer les racines des problèmes qu'il a identifiés,**
4. **Concevoir les méthodes qui empêcheront les problèmes de se reproduire,**
5. **Poursuivre dans la réalisation des objectifs.**

« Je ne peux pas vous donner une formule qui garantisse le succès mais je peux vous en donner une qui garantisse l'échec : tentez de faire plaisir à tout le monde tout le temps ». Herbert Bayard Swope, éditeur et journaliste américain, premier lauréat du prix Pulitzer.

Votre stratégie est conçue et connue ; vous maîtrisez les techniques de mesure de sa bonne exécution ; votre action va maintenant se traduire au jour le jour par la direction effective de votre entreprise : conduite des hommes et animation de ses grandes fonctions. *" Le diable se niche dans les détails "* dit un proverbe allemand. Une bonne stratégie ne confirme sa pertinence que dans la qualité de son exécution. Il vous faut maintenant organiser l'entreprise pour atteindre les objectifs que vous avez fixés, être frugal dans ses coûts de fonctionnement, bâtir des normes de progrès, mesurer les performances et soigner les rapports avec ses partenaires. Vaste programme !

Organisation et structure

Le client, encore et toujours...

" Le client... le client... le client... toujours et encore le client ". Ce doit être votre obsession. Vous devez le rabâcher en permanence à tous vos collaborateurs. L'organisation, la maîtrise des coûts, la décentralisation n'ont d'autre justification que de satisfaire le client.

Vous savez, bien sûr, qu'en définitive, seul le résultat compte mais vous savez aussi que vous ne l'obtiendrez probablement pas par l'incantation. L'exemple étant la seule façon d'entraîner les hommes, votre attitude devra être cohérente avec vos objectifs (Cf. Tome 1 : Leadership, Motivation et efficacité personnelle).

Vous allez donc modéliser, incarner, décider. C'est de long terme dont a besoin le personnel pour s'impliquer mais c'est le court terme qui mobilise. La légitimité s'obtient par les batailles gagnées et **le bénéfice est un sous-produit de clients ravis et de salariés enthousiastes**:

- Soyez paranoïaques, c'est votre seule chance de survie.
- *« Faites preuve d'autorité ; exigez la discipline ; faites passer l'intérêt de l'entreprise avant les intérêts particuliers. Mais soyez équitable et favorisez l'esprit de corps »*. Ces règles d'Henri Fayol publiées en 1916, n'ont pas vieilli.
- Ne donnez jamais un ordre si vous n'avez pas à la fois la volonté et les moyens de le faire appliquer. C'est la cohérence de votre attitude qui fera que, malgré les difficultés traversées, votre crédibilité ne sera pas entamée. Toutefois, restez modestes, vous ne détenez pas la science infuse. N'hésitez-pas, si vous en ressentez

le besoin, à avoir recours à des consultants. Moins impliqués dans l'action, ils donnent, en général, un éclairage différent aux problèmes que vous rencontrez et contribuent ainsi à leur trouver une solution.

- Restez toujours optimiste. Même lorsque vous serez rongé par le doute, ne cédez jamais publiquement au découragement.
- Ne vous contentez pas de gérer, animez ! Gérer les problèmes, ce n'est pas les résoudre. Il faut d'ailleurs parfois organiser le désordre pour échapper à la routine et au conservatisme. Laissez se confronter commerciaux, techniciens et financiers. Sachez créer des tensions positives.
- Encouragez le patriotisme d'entreprise. Faites en sorte que les salariés soient fiers de leur société et de leur métier.
- Maximisez les capacités intellectuelles de l'entreprise. *« L'intelligence d'une entreprise, c'est sa rapidité à transformer en offre la détection d'un besoin »* Lou Gerstner, ancien CEO d'IBM
- Mettez en avant les valeurs de l'entreprise et autonomisez le travail de chacun.
- Assurez-vous que l'esprit de bivouac l'emporte sur l'esprit d'état-major. C'est dans les ateliers, dans les rayons, sur les routes avec les représentants, auprès des revendeurs ou des clients que se développe l'entreprise, pas dans les bureaux. Il n'y a pas de bonne stratégie sans contact avec les réalités quotidiennes du marché.
- Inculquez à tous le sens de l'urgence mais armez-vous de volonté patiente ; il faut souvent beaucoup plus de temps qu'on ne l'avait imaginé au départ pour gagner définitivement une bataille. Parfois même, il faut savoir faire et défaire pour mieux faire.

Principes de structuration

- Publiez une charte des valeurs de l'entreprise. Elles sont contenues dans votre vision et font partie de la définition de votre stratégie. Faites-les connaître. Dans les turbulences de la croissance et face aux menaces permanentes du marché, elles permettent de maintenir dans l'entreprise un mental solide.
- Soyez parcimonieux dans votre distribution des responsabilités d'encadrement. Limitez votre équipe de direction aux seules fonctions vitales : créer, vendre, produire, compter. Vous choisirez soigneusement les titulaires de ces postes de direction, vos alter égo, car vous leur permettrez d'agir, par délégation, en toute confiance.
  Chacune des fonctions vitales comporte un volet technique spécialisé et assume, en outre, sous votre impulsion et votre coordination, sa part d'innovation, de participation aux groupes de progrès stratégiques transverses et de qualité totale. Elle assume la conduite et la gestion de ses propres ressources humaines dans le cadre que vous avez défini (Cf. Chapitre 5).
- Divisez ensuite l'entreprise en autant de petites unités homogènes que possible. L'efficacité de l'ensemble sera meilleure. Vous pourrez vraiment décentraliser. Les décisions courantes se prendront au bon niveau et vous maintiendrez intact l'enthousiasme propre aux petites équipes.

- Ecrasez la hiérarchie ; ne gardez que trois niveaux :
  - Vous et les titulaires des fonctions majeures : celles qui permettent de vendre, produire et compter,
  - Les chefs de service et quelques rares cadres fonctionnels,

- Les employés : si ces derniers sont trop nombreux pour l'encadrement, soulagez la hiérarchie en nommant des « leaders travaillants » de même statut que leurs collègues et demeurant au sein de l'effectif productif dont le rôle sera d'être l'interface entre le groupe auquel ils appartiennent et la hiérarchie.

L'exemple le plus spectaculaire d'une énorme organisation fondée sur quatre niveaux hiérarchiques seulement est celui de l'église catholique. Avec à sa tête, le Pape, entouré de ses cardinaux qui pilotent les évêques dans les diocèses desquels se trouvent les prêtres, elle inspire plus d'un milliard de fidèles dans le monde. Même si la ferveur baisse un peu aujourd'hui, cela fait tout de même plus de deux mille ans qu'elle perdure avec le même principe d'organisation. Cela mérite d'être relevé.

- Travaillez à grosses mailles et laissez la précision aux comptables dont c'est la mission. Vous et vos pairs, vous devez aller à l'essentiel, mesurer des masses et des flux et aller vite.
- Ne perdez pas de temps à dessiner un organigramme avec ses petites cases, ses niveaux, ses demi-niveaux. Il ne fera que susciter jalousies et frustrations. Un organigramme ne sert à rien ! A peine établi, les différences de personnalité de ceux qui remplissent les petites cases font que votre bel assemblage de figures géométriques sera rendu caduc par l'organigramme réel, celui que constatent les salariés dans la pratique quotidienne. Remplacez-le par une liste des principales fonctions avec les coordonnées directes de leur titulaire, à l'exemple de « l'ours» de la presse écrite (Cf. page 115).
- Maîtrisez votre agenda (Cf. Tome 1 : Leadership, Motivation et efficacité personnelle) et consignez vos instructions dans un système simple de relance. Malgré toute la confiance que vous accordez à vos

collaborateurs, vous avez le devoir de vérifier systématiquement l'exécution en temps et en heure des décisions prises. « Des chiffres et des dates » : ne pas être intraitable sur leur respect est une faute. Vous devez aussi vous assurer que la bonne information vous est livrée. Reformulez systématiquement vos demandes pour vous en assurer. Enfin, devenez un virtuose du paper-board. De bons croquis et des formules claires couchés sur de grandes feuilles de papier valent tous les longs discours. Et souvenez-vous que la délégation n'exclut pas le contrôle.

Prenez l'habitude de l'objectivité

Vous avez évidemment de bonnes raisons de penser que la stratégie que vous avez conçue est porteuse d'un avenir radieux, mais l'expérience prouve qu'il faut un certain temps avant de voir se dessiner les tendances.

La théorie des trajectoires

Afin de conserver à vos hypothèses le plus d'objectivité possible, la formule adéquate est l'étude de la poursuite des trajectoires. Elle consiste à vérifier l'évolution, par total mobile désaisonnalisé, au niveau de la plus petite entité possible - un produit/service ou un groupe de produits - dont le chiffre d'affaires est disponible pour les 24 mois écoulés. Une fois tracée la courbe statistique correspondant, on la poursuit sur les 12 mois à venir. Pour consolider la prévision relative à l'entreprise toute entière, il suffit d'additionner les résultats par produit ou groupe de produits. C'est évidemment une formule particulièrement conservatrice dans une entreprise en forte croissance, mais si, par ailleurs, il parait possible de tenir les marges et d'aligner les frais généraux sur le niveau d'activité ainsi déterminé, vous disposerez alors de l'une des clés majeures des décisions à prendre. En corollaire, en évaluant, sur ces mêmes bases, l'évolution future des flux de trésorerie, il sera également possible de calculer les besoins financiers prévisionnels avec une marge d'erreur faible.

La méthode de la poursuite des trajectoires est la seule valable pour caler le niveau des frais car on adaptera toujours les frais au chiffre d'affaires et à la marge probable, jamais l'inverse.

Une stratégie volontaire ne consiste pas à tirer des plans sur la comète. Pour calculer l'effort que devra consentir l'entreprise, vos revenus des douze prochains mois devront être évalués en poursuivant les trajectoires des douze derniers. C'est avec ce chiffre d'affaires et cette marge que vous devez construire votre rentabilité. C'est d'ailleurs votre premier écueil : comme vous devez adapter vos frais aux trajectoires de revenus mais qu'en même temps le niveau de votre structure doit être conforme à la stratégie définie, il vous faut, régulièrement, procéder à des arbitrages. Ce sera parfois dur à mais il faut faire avec ce qu'on a, pas avec ce qu'on souhaiterait.

La frugalité est devenue une règle intangible

Comme dans la vie courante, il est nécessaire de s'adapter : aux autres, à l'environnement, à une situation nouvelle.

Parce que vous connaissez la probabilité de vos revenus à partir de l'extrapolation des trajectoires ou des prévisions liées à la sortie de nouveaux produits/services, vous pouvez déterminer la masse disponible pour les frais, une fois fixé votre objectif de résultat. C'est le bénéfice qu'il faut planifier en premier ; la différence entre marge et résultat donne alors l'allocation maximale possible aux frais de fonctionnement.

Des effectifs en ligne avec votre activité

Statistiquement, les frais de personnel représentent plus de 50 pour cent de la valeur ajoutée d'une entreprise. Il en faut, des crayons et des gommes à économiser pour compenser le coût annuel d'un employé de bureau en trop.

Vous distinguerez d'abord entre structure et activités directement productives, entre, grosso modo, frais fixes et frais variables.

Pour ce qui concerne les activités productives, qu'il s'agisse de production ou de vente, on traite de données connues : productivité et coûts variables. L'objectif dans ces secteurs, est de s'assurer qu'on ne sera pas en sous-activité et que la productivité pourra être améliorée en permanence, pour réduire les prix de revient et les frais directs sur vente.

Pour la structure, c'est à la fois plus simple et plus complexe : plus simple parce que, en général, moins de personnes sont concernées ; plus complexe parce que l'insuffisance de productivité est moins facilement décelable.

- Vous devrez traquer les attitudes administratives : "*Et Dieu créa l'organisation et lui donna le pouvoir sur les hommes. Gen.1*" raille Robert Townsend, ancien CEO d'Avis, dans son livre « Up the Organization ». La bureaucratie étrangle les entreprises, petites ou grandes. Partez du principe que tout ce qui ne concourt pas à satisfaire le client n'apporte aucune valeur à l'entreprise. Pire, en général, ceux qui occupent des fonctions administratives passent leur temps à empoisonner la vie de ceux qui veulent servir le client. Limitez ces fonctions à la direction financière ou à la comptabilité - vous devez bien remplir vos obligations légales - et à la maintenance d'un système d'information fiable. Eliminez les processus coûteux en bureaucratie. Un exemple : *le contrôle des notes de frais. Une grande entreprise s'est un jour rendu compte qu'il fallait 10 signatures pour traiter les notes de frais des commerciaux et que ce circuit conduisait à les payer avec un mois de retard, ce qui avait abouti à consentir systématiquement des acomptes. Bref, ce traitement était extraordinairement coûteux pour des sommes, en définitive, relativement faibles. Après avoir étudié, dans le cadre d'un benchmarking, comment se déroulait le même processus dans une petite entreprise voisine qui n'avait évidemment pas les moyens d'entretenir un tel système de contrôle, elle l'adopta. Désormais, les notes de frais seraient payées par retour du courrier, sans vérification ni signature préalable ; de ce fait, les acomptes seraient supprimés. Chacun imagine l'économie. Mais comment se prémunir des risques de tricherie ? En contrepartie de la confiance accordée, l'entreprise annonça alors publiquement qu'elle se réservait le droit d'auditer à n'importe quel moment, par choix aléatoire, l'une ou l'autre note de frais. Tout cas de tricherie entraînerait un licenciement immédiat pour faute grave et des poursuites pénales.* Ce système fonctionne toujours et il n'y a, semble-t-il, pas encore eu de licenciement.

- Ne mettez pas en place une direction des ressources humaines ou ce qui en tient lieu. Externalisez les payes et, pour le juridique, prenez un abonnement auprès d'un cabinet d'avocats spécialisé dans le conseil social. Il vous aidera dans le traitement des déboires que vous pourriez vivre avec le personnel. Coiffez personnellement la casquette de DRH pour ce qui est de la politique sociale de l'entreprise et exigez de chacun de vos collaborateurs qu'ils prennent en charge directement la gestion de leurs troupes. Les ressources humaines, comme l'innovation ou la qualité constituent des composantes essentielles des fonctions vitales de l'entreprise que leurs titulaires doivent assumer au même titre que leur spécialité technique (Cf. Chapitre 5).

- Ne créez surtout jamais de poste de secrétaire. Voilà une fonction devenue aujourd'hui totalement inutile. Avec les outils modernes : Smartphones, Tablettes, PC, chacun sait gérer son emploi du temps, recevoir et envoyer des mails, utiliser Word, Excel ou Powerpoint.
- Prévoyez de régulièrement évaluer toutes les fonctions de l'entreprise en :
  - Indispensable,
  - Utile et oui/non externalisable,
  - Peut-être,
  - Inutile,

  et agissez conformément à vos conclusions. Si vous vous donnez la peine de faire ce travail sérieusement, vous découvrirez régulièrement de nouveaux gisements d'économies.
- Assurez-vous enfin qu'aucun salarié ne se trouve dans une rente de situation. C'est à la fois un facteur de coût pour l'entreprise et un motif de grande démotivation pour les autres salariés.

Le déroulé de la méthode est efficace. On en obtient toujours de bons résultats.

Un dernier facteur d'économies, en matière de frais de personnel, consiste à lier un avantage acquis à l'obtention d'un résultat, toujours dans l'optique de transformer un coût fixe en coût variable. Mais une telle décision, si vous la mettez en place pour vos anciens collaborateurs, peut être considérée, en France, comme une modification substantielle au contrat de travail et permet donc à tout salarié de refuser, de partir avec ses indemnités et de bénéficier de l'assurance-chômage. A manier avec précautions car le risque est grand de voir partir les meilleurs, ceux qui n'ont aucun souci pour se recaser.

Des frais de fonctionnement contenus

Il n'y a pas de tabous dans la maîtrise des dépenses. Faites-en un jeu auquel chacun se piquera. Quelques pistes :

- Les voyages : billets croisés, classe éco en avion, seconde classe en train, meilleure planification pour de meilleurs tarifs de transport et récupération pour l'entreprise des points fidélité ou des miles.
- N'hésitez pas à acheter des équipements, du matériel informatique ou des véhicules d'occasion.
- Mettez les photocopieuses sous surveillance, achetez des fournitures à marque distributeur ou des consommables recyclés.
- Vous ferez également analyser tous vos contrats de prestations diverses, de téléphonie, d'assurances, d'énergie. N'hésitez pas à confier l'étude de ces derniers à un cabinet spécialisé, une fois que vous aurez procédé aux premiers ajustements. Il vous en coûtera 50 pour cent de l'économie globale pendant 5 ans, mais vous en aurez gagné 50 pour cent que vous n'auriez pas découverts sans cela. Demandez aussi à vos conseils de refaire une analyse détaillée de vos bases de taxes foncière et professionnelle, de charges sociales, etc.
- Faites-vous remettre copie de tous les listings informatiques diffusés ou fichiers transférés et supprimez-en la publication. Attendez, pour vérifier s'ils sont utiles, qu'on vous les réclame. Exigez alors une justification de l'usage qui en est fait.
- Soyez économe aussi des mètres carrés affectés à vos équipes. Les surfaces de travail coûtent cher. N'hésitez pas à en neutraliser une partie.
- Externalisez, sous-traitez, délocalisez, si nécessaire tout ce qui ne fait pas partie de votre cœur de métier. Concentrez-vous sur ce qui gagne, pas sur ce qui coûte.

Vous ne respecterez qu'une limite : les économies ne doivent pas nuire à la qualité du produit ou au client. Agissez donc toujours avec discernement : il y a des économies qui coûtent cher.

Au milieu des années soixante, François Michelin, patron d'une entreprise-modèle dans la traque à la dépense, se mit en quête de solutions pour élargir son assise financière. Il s'adressa donc à Lazard Frères, autre exemple de pingrerie. Au cours de la première réunion, qui eut lieu chez Lazard, Boulevard Haussmann, à Paris, on dit que le mobilier était à ce point vétuste que lorsque François Michelin s'assit sur la chaise qu'on lui présenta, celle-ci se brisa et il roula à terre. C'est avec un large sourire qu'il se releva : il était en pays de connaissance ! Sa confiance serait bien placée.

Les frais financiers

Le moyen le plus simple pour contenir vos frais financiers, c'est bien sûr de demander à vos banques de réduire leur marge et le niveau de leurs prélèvements. Vous pouvez toujours essayer ! Il est peu probable que vous obteniez plus qu'un sourire poli et quelques mesures symboliques.

Il faut avoir les moyens de sa stratégie. La trésorerie sera toujours la première de vos priorités. « Cash is King » disent les Anglo-Saxons. Vous considèrerez donc comme stratégique le travail permanent sur votre fonds de roulement et votre besoin en fonds de roulement. Nous le détaillerons dans le tome 3 de la méthode **perform'up**® : Maîtrise des chiffres et de la croissance.

DEUXIEME PARTIE

LA DIRECTION DOIT DIRIGER

CHAPITRE 5

LES HOMMES, UNE DISCIPLINE EXIGEANTE

Résolu dans votre attitude et votre comportement, votre vision clairement établie et votre stratégie construite, que vous vous lanciez dans l'entrepreneuriat ou que vous décidiez de développer, de façon plus ambitieuse encore, une entreprise déjà existante, vous savez maintenant comment vous voulez aller d'où vous vous trouvez vers où vous avez décidé de vous rendre.

Vous savez aussi que pour faire de votre entreprise une véritable entreprise et non pas simplement un job taillé à vos mesures, vous allez maintenant devoir vous consacrer à la ressource de loin la plus importante de votre entreprise : les hommes.

Pour ce qui me concerne, la bonne pratique, en matière de relations humaines, repose encore aujourd'hui, toute entière, sur les travaux de Douglas McGregor, tels qu'il les a exposés dans son livre le plus connu, paru en 1960 : « The Human Side of Enterprise ». Elle préfigure cette évolution des dernières années qui a vu passer les entreprises d'une structure de commandement à une structure de résolution des problèmes.

Dans cet ouvrage est d'abord analysé le point de vue ancestral des employeurs sur la direction des hommes, qualifié de « Théorie X ». Il y est généralement considéré que l'individu moyen éprouve une aversion innée pour le travail qu'il fera tout pour l'éviter ; qu'à cause de cette aversion caractéristique, il faudra le contraindre, le contrôler, le diriger et le menacer de sanctions si on veut qu'il fournisse les efforts nécessaires à la réalisation des objectifs ; qu'il préfère d'ailleurs être dirigé, désire éviter les responsabilités, a relativement peu d'ambition et recherche la sécurité avant tout. Fermez le ban !

Douglas McGregor propose d'y substituer une autre théorie qu'il a baptisé « Théorie Y » et qui repose sur des assomptions radicalement différentes :

1. La dépense d'efforts physiques et mentaux dans le travail est aussi naturelle à l'homme que le jeu ou le repos,

2. Le contrôle externe et la menace de sanctions ne sont pas les seuls moyens pour obtenir qu'un effort soit dirigé vers des objectifs,

3. La responsabilité à l'égard de certains objectifs existe en fonction des récompenses associées à leur réalisation et particulièrement la satisfaction du besoin d'estime de soi,

4. L'individu apprend, dans des conditions voulues, non seulement à accepter mais à rechercher des responsabilités,

5. Les ressources, relativement élevées d'imagination, d'ingéniosité et de créativité pour résoudre les problèmes d'entreprise sont largement et non pas étroitement distribuées dans la population,

6. Dans les conditions actuelles, le potentiel intellectuel de l'individu moyen n'est que partiellement employé.

Deux phrases peuvent résumer ces propos :

- L'homme est aussi naturellement fait pour le travail que pour le jeu ou le repos,
- Le prix de la liberté est la responsabilité.

C'est donc dans cet état d'esprit « humaniste » qu'il faut inscrire une politique intelligente de relations humaines, motivante pour les hommes et efficace pour l'entreprise.

Organisez sans organigramme

L'organigramme, cet espèce de grand croquis fait de râteaux et de carrés est l'un des facteurs de démotivation le plus fort que je connaisse dans une entreprise. Laissez tomber ces constructions avec les petites cases, leurs niveaux et leurs demi-niveaux au gré desquels se cristallisent crispations et frustrations. Préférez l'ours de la presse écrite ou les génériques de fin de film ou de vidéo. *Ex. L'Ours du magazine Management.*

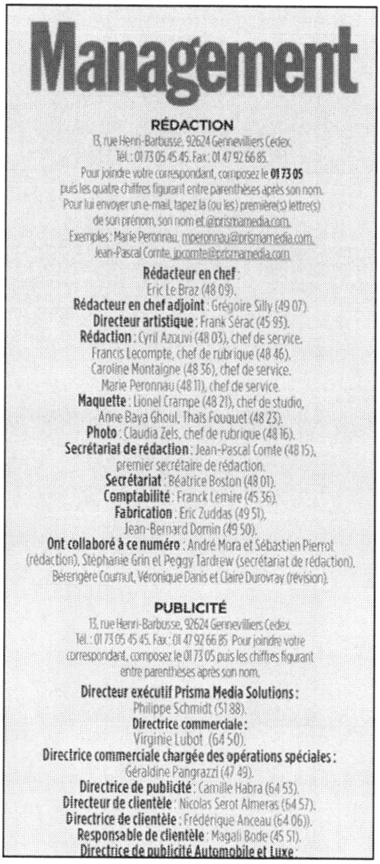

Management

RÉDACTION
13, rue Henri-Barbusse, 92624 Gennevilliers Cedex.
Tél. : 01 73 05 45 45. Fax : 01 47 92 66 85.
Pour joindre votre correspondant, composez le **01 73 05**
puis les quatre chiffres figurant entre parenthèses après son nom.
Pour lui envoyer un e-mail, tapez la (ou les) première(s) lettre(s)
de son prénom, son nom et @prismamedia.com.
Exemples : Marie Peronnau, mperonnau@prismamedia.com,
Jean-Pascal Comte, jpcomte@prismamedia.com

Rédacteur en chef :
Eric Le Braz (48 09).
Rédacteur en chef adjoint : Grégoire Silly (49 07).
Directeur artistique : Frank Sérac (45 93).
Rédaction : Cyril Azouvi (48 03), chef de service.
Francis Lecompte, chef de rubrique (48 46).
Caroline Montaigne (48 36), chef de service.
Marie Peronnau (48 11), chef de service.
Maquette : Lionel Crampe (48 21), chef de studio,
Anne Baya Ghoul, Thaïs Fouquet (48 23).
Photo : Claudia Zels, chef de rubrique (48 16).
Secrétariat de rédaction : Jean-Pascal Comte (48 15),
premier secrétaire de rédaction.
Secrétariat : Béatrice Boston (48 01).
Comptabilité : Franck Lemire (45 36).
Fabrication : Eric Zuddas (49 51),
Jean-Bernard Domin (49 50).
Ont collaboré à ce numéro : André Mora et Sébastien Pierrot
(rédaction), Stéphanie Grin et Peggy Tardrew (secrétariat de rédaction),
Bérengère Cournut, Véronique Danis et Claire Durovray (révision).

PUBLICITÉ
13, rue Henri-Barbusse, 92624 Gennevilliers Cedex.
Tél. : 01 73 05 45 45. Fax : 01 47 92 66 85. Pour joindre votre
correspondant, composez le 01 73 05 puis les chiffres figurant
entre parenthèses après son nom.

Directeur exécutif Prisma Media Solutions :
Philippe Schmidt (51 88).
Directrice commerciale :
Virginie Lubot (64 50).
Directrice commerciale chargée des opérations spéciales :
Géraldine Pangrazzi (47 49).
Directrice de publicité : Camille Habra (64 53).
Directeur de clientèle : Nicolas Serot Almeras (64 57).
Directrice de clientèle : Frédérique Anceau (64 06).
Responsable de clientèle : Magali Bode (45 51).
Directrice de publicité Automobile et Luxe :

Mais il est quand même, absolument nécessaire d'organiser les entreprises et d'établir clairement ce que chacun doit y faire.

Le mieux est donc de créer un système d'organisation, dès le début, dès que l'entreprise démarre, même pour les toutes petites. Si vous êtes tout seul, en lançant votre projet, vous vous occuperez de tout mais au-moins, en grandissant, saurez-vous exactement qui embaucher et pour faire quoi. Je vous propose mon propre schéma dont la conception repose sur la définition du management qui vient du latin « manus », la main qui tient l'épée, la barre, les rênes d'un cheval. Mon schéma d'organisation de base se présente ainsi :

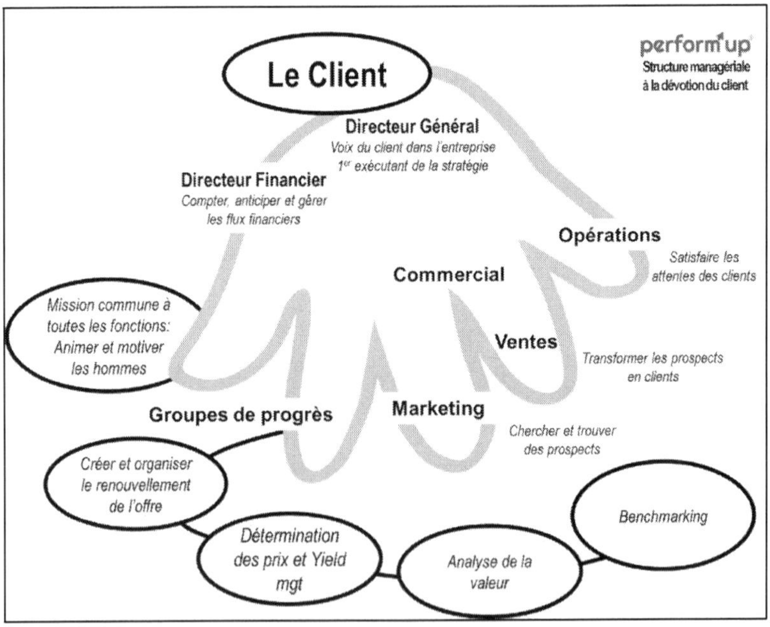

- La pensée, le bras qui permet à la main d'agir, c'est le client, notre maître à tous.
- Son fidèle représentant est le Directeur Général, vous en l'occurrence, l'entrepreneur, le chef d'entreprise,

premier exécutant de votre propre stratégie ou de celle de vos actionnaires s'ils sont plusieurs.

- A ses côtés, le pouce sans lequel il n'y a pas de prise, le directeur financier, celui qui compte, acte les résultats, maîtrise les flux mais surtout, éclaire l'avenir. Responsable des supports permettant aux marketing, ventes et opérations de remplir leurs obligations de résultat selon les standards de l'entreprise, il s'assure de la disponibilité des ressources financières nécessaires au plus bas coût.
- L'index désigne tous les groupes de progrès stratégiques transverses, dans lesquels toute la main est représentée et dont la mission est de créer et de développer les produits et services de demain, d'en définir la tarification adéquate, d'améliorer la valeur de l'offre et de comparer les performances de l'entreprise dans ses cheminements successifs.
- Au majeur, le marketing, la fonction qui a pour mission de trouver des prospects susceptibles d'être intéressés par l'offre de l'entreprise,
- A l'annulaire, les ventes, dont le rôle consiste, dans les modèles traditionnels, à transformer le plus grand nombre de prospects en clients, et,
- A l'auriculaire, les opérations, le back office, le travail d'achat, de fabrication, de livraison, de service après-vente au quotidien, auxquelles est associée la responsabilité de conserver les clients en leur donnant un service impeccable et en leur garantissant la qualité des prestations.
- Une dernière fonction, la première, en fait, majeure dans le fonctionnement quotidien de l'entreprise : les relations humaines. C'est le rôle et la fonction de tous ceux qui, à un titre ou à un autre, ont charge d'âmes que de les animer et de les motiver directement et personnellement dans le cadre d'une politique à laquelle ils ont directement contribué.

Dès le début, même simple entrepreneur débutant, il faut prototyper toutes les fonctions de la main et se placer soi-même à chaque poste ou à tous. Ensuite, au fil de la croissance, il conviendra d'être remplaçable par un système, dès que c'est possible, grâce aux délégations consenties et au fonctionnement naturel de la main. C'est en cela que le concept de la main est évolutif et caractéristique d'un management entrepreneurial autant fait pour les entreprises débutantes que pour les PME ou les ETI.

Conduisez, Motivez, Mobilisez

Nous avons survolé, dans le Tome 1 de la méthode **perform'up**® quelques-unes des méthodes de management des hommes qui permettent au leadership de se manifester naturellement.

Sachant que le contenu d'un travail se décompose en cinq facteurs : la variété, l'autonomie, les relations opératoires et affectives, l'identification à la tâche (à quoi ça sert ?) et le feed-back sur la tâche, vous mobiliserez vos collaborateurs autour de votre vision et donnerez à chacun des objectifs personnalisés ambitieux. Faites leur bâtir des cathédrales et, au fur et à mesure que vous croîtrez, vous rehausserez encore le niveau des défis.

1. Décentralisez !

Encouragez l'exercice de la responsabilité, l'initiative et la recherche de l'excellence.

2. Soyez cohérent

Annoncez clairement les valeurs qui vous guident dans l'évaluation de votre entourage. Pour ce qui me concerne, j'ai toujours cité, dans l'ordre : Loyauté, Compétence, Rigueur et Solidarité.

3. Restez proche de vos équipes

Gardez une place pour l'émotion et l'empathie. Bannissez les comportements hiérarchiques d'un autre âge : valorisez la compétence, oubliez le grade. Lorsque votre communication est nominative, donnez-lui une note plus égalitaire en classant les destinataires par ordre alphabétique, quelle que soit l'importance de leur fonction. Encouragez des relations détendues et informelles dans l'entreprise.

4. Entretenez la flamme.

Dès les premiers succès obtenus, fêtez-les. Profitez de n'importe quel prétexte pour organiser un « pot ». C'est rapide, peu couteux et valorisant. Le sentiment d'appartenance au groupe social s'en trouve renforcé et la motivation de chacun ranimée. La seule ligne qui ne figure dans aucun bilan mais qui créé véritablement les conditions du progrès a un nom : l'enthousiasme.

Vous avez mis le client en tête de vos priorités. Ne l'occultez pas dans l'accueil et la formation des nouveaux venus. Quel que soit le poste qu'il occupera, un nouvel employé doit passer par la vente. On modulera le temps qui y sera consacré en fonction de la proximité plus ou moins étroite du poste avec le commercial, mais tout nouvel arrivant commencera par là. S'il est, sans doute, inutile de faire passer six mois sur le terrain, avec les vendeurs, à un comptable, une bonne semaine, par contre, ne lui fera pas de mal.

Ayez un style de direction relaxé et relaxant et ne soyez pas sur le dos de vos collaborateurs en permanence. Evitez de vous mettre en colère, de décharger vos nerfs sur eux. Cela ne fera que les paralyser. Traitez les comme vous traitez vos clients : avec courtoisie, respect et prévenance et exigez qu'on vous traite de même en retour.

Quand vous avez à les voir pour échanger ou donner des instructions, préférez aller à leur poste de travail plutôt que les convoquer dans votre bureau. Cela vous permettra d'humer l'ambiance.

Pour obtenir que ce qui doit être fait soit fait, sans que vous vous épuisiez à relancer indéfiniment, vous traiterez donc vos collaborateurs avec attention et agirez en parfaite interaction avec eux.

Accordez autonomie et indépendance

Les organisations qui fonctionnent sont structurées pour optimiser les processus et les procédures. Toutefois, chacune des tâches à effectuer ne nécessite pas forcément de faire l'objet d'un benchmarking pour se mesurer aux meilleures pratiques ou de subir une approche en micro-management.

L'engagement et la satisfaction de vos collaborateurs reposent le plus souvent sur l'autonomie et l'indépendance : « Je fais plus particulièrement attention à ce qui m'appartient ou dont je me sens responsable ».

De plus, la liberté favorise la créativité et l'innovation car elle impose de réfléchir, ce que le suivi routinier de procédures rigides ne permet pas.

A chaque fois que c'est possible, donnez à vos collaborateurs l'autonomie et l'indépendance. C'est ainsi qu'ils travailleront le mieux et qu'ils accompliront leurs tâche avec une efficacité que vous n'auriez pas forcément jugée comme possible auparavant.

Il vaut mieux, parfois, qu'ils demandent pardon pour avoir outrepassé leur délégation que de sans cesse solliciter votre autorisation.

Aussi devez-vous faire confiance à vos troupes et vous tenir en réserve pour leur porter assistance, le cas échéant.

Considérez les échecs comme des révélateurs. Ne les sanctionnez pas mais retenez-en les leçons. Clamez haut et fort que, "*chez nous, on ne tire pas sur ceux qui se trompent, on tire sur ceux qui refusent de prendre des risques*".

Manifestez des attentes claires

En premier lieu, il faut disposer d'une structure organisationnelle claire pour que chacun comprenne son rôle et la façon dont il peut contribuer au succès de l'entreprise. Donnez-lui sa place dans la « main » et dans l'ours. Soyez également transparent quant au contrat « employeur-employé ».

Et, comme chaque poste doit inclure un certain degré d'indépendance, il doit aussi faire l'objet d'une description précise des résultats et des contributions que vous en attendez.

Critiquer un collaborateur qui a accordé une remise exceptionnelle à un client mécontent alors que c'est monnaie courante dans l'entreprise est malvenu car il n'y a rien de plus stressant pour un employé que de ne pas s'y retrouver dans ce que vous attendez de lui au jour le jour.

Un chef d'entreprise cohérent, lorsqu'il décide de changer les règles, commence par annoncer le changement, les raisons pour lesquelles le changement a lieu et la date de son application.

Fixez des objectifs précis

Presque tout le monde a le goût de la compétition. Il suffit de mesurer le nombre des spectateurs et téléspectateurs, chaque dimanche, lors des manifestations sportives. Certains collaborateurs ont d'ailleurs un tel goût de la compétition qu'ils sont trop exigeants avec eux-mêmes.

Des objectifs précis permettent de créer un sens du dépassement de soi, même dans certaines tâches répétitives. Il n'y a pas d'autre explication à certains écarts individuels de productivité, dans une usine, par exemple. De plus, atteindre les objectifs a un côté ludique qui transcende l'action. Sans objectif à viser, le travail n'est que du travail.

Donnez du sens à l'action

Chacun a envie de se sentir faire partie de quelque chose qui le dépasse. Chacun a envie de faire partie d'une équipe qui transcende le groupe par un esprit de corps exacerbé.

Les meilleures missions sont celles qui ont un impact sur la vie des clients que vous servez. Faites savoir à tous vos collaborateurs ce que vous voulez que votre entreprise réalise pour vos clients. Ils se couperont en quatre pour y parvenir ; Mieux, laissez-leur l'initiative de se créer quelques missions pour eux. Dans certaines entreprises, par exemple, un budget annuel est attribué à chaque collaborateur pour qu'il puisse régler instantanément les litiges avec les clients. Plutôt que d'entrer dans une discussion stérile ou tenter de le faire suivre une procédure de retour compliquée, pouvant dégénérer en conflit, ils sortent le carnet de chèques, dans le cadre de cette délégation. *« Un problème qui se résout avec un carnet de chèques n'est plus un problème ».*

Pour ressentir la nécessité d'un résultat à obtenir, il vaut donc mieux savoir de quoi il faut s'occuper et plus encore, pourquoi.

Suscitez des contributions significatives

Les collaborateurs impliqués ont des idées. Si vous leur enlevez la possibilité de faire des suggestions ou traitez leurs idées avec dédain, vous constaterez de leur part un désengagement immédiat.

C'est pourquoi, vous devez faire en sorte qu'il leur soit très facile de faire des suggestions en leur posant des questions ouvertes, en les stimulant, en les mettant à l'aise quand ils cherchent de nouvelles voies dans la réalisation de leur tâche. Et lorsqu'une idée apparaît infaisable, prenez le temps d'expliquer pourquoi ; c'est la moindre des choses.

C'est parce que ceux qui font des suggestions se sentent vraiment concernés par l'entreprise qu'il faut les encourager et leur manifester votre gratitude pour leurs contributions répétées.

C'est ainsi également que vous identifierez les talents à retenir dans l'entreprise, ceux qui contribueront le plus à son succès sur le long terme.

Créez un vrai sentiment d'appartenance

Chaque salarié travaille pour un salaire. Sinon, il serait bénévole dans une association. Mais il veut aussi travailler pour plus qu'un chèque de fin de mois. Il veut pouvoir s'investir pour et avec des gens qu'il respecte, qu'il admire et qui le respectent en retour.

C'est pourquoi un mot gentil, des questions sur sa famille, une conversation informelle sur un problème personnel ou sur ses aspirations sont beaucoup plus importants que des réunions de groupe ou des entretiens d'évaluation.

Les gens veulent qu'on s'occupe d'eux, qu'on prenne des nouvelles de leur santé, de leurs enfants, qu'on leur demande de raconter leurs vacances.

Un vrai sens de la relation fait partie du comportement d'un leader qui sait apprécier la personne qui se trouve derrière l'employé.

Soyez consistant et fiable

Personne ne reprochera jamais à un patron d'être trop strict, trop exigeant ou trop dur s'il l'est aussi pour lui-même et s'il traite chacun de ses collaborateurs équitablement.

Vous devez, à la fois, vous adresser à chacun d'eux comme s'il était unique et ne pas faire de différence de traitement.

En vous montrant consistant et fiable dans vos rapports avec vos collaborateurs, en ne commettant pas d'iniquité, vous éviterez d'être soupçonné de favoritisme lorsqu'il vous faudra prendre des décisions difficiles.

Sachez aussi demeurer visible et disponible. Communiquez ouvertement. Faites savoir à tous comment va l'entreprise.

Ne critiquez qu'en privé

Aucun employé n'est parfait. Vous non plus d'ailleurs. Mais il est parfois nécessaire de recadrer l'un ou l'autre de vos collaborateurs. Ne vous en privez pas. Acceptant et même revendiquant la critique de vos clients, vous n'avez aucune

POUR LA FRANCE
NE PAS
AFFRANCHIR

M. ……………………………………

……………………………………

a le plaisir de vous informer qu'à partir du

…………………… sa nouvelle adresse devient :

Appartement, étage, escalier

Résidence, bâtiment

Numéro *Rue, avenue, boulevard*

Lieu-dit

Code postal *Localité de destination*

TÉLÉPHONE *(facultatif)* : ……………………

LA POSTE RCS B 356 000 000 DC/DMV/MC&S/ 05-99

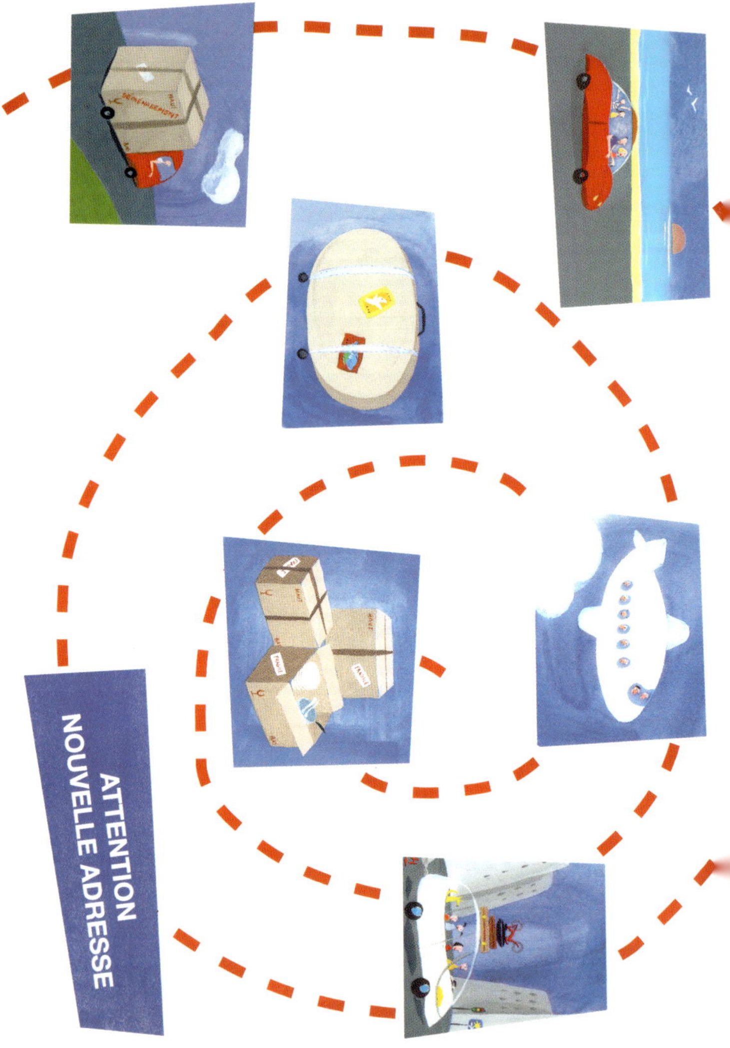

raison de ne pas la partager et de ne pas en faire le retour à ceux qui sont, le cas échéant, directement concernés.

Par contre, toute critique ou tout retour critique ne se fait qu'entre quatre-z-yeux. C'est la meilleure façon pour transformer cet entretien délicat en rebond positif pour l'avenir car il n'est associé à aucune forme d'humiliation.

Mais félicitez en public

Chaque collaborateur, même celui qui ne fait pas forcément partie des meilleurs, habituellement, peut, à un moment ou à un autre, accomplir une action particulièrement bénéfique à l'entreprise. N'hésitez pas alors à le féliciter publiquement. D'abord, c'est une excellente façon de mobiliser tout l'effectif qui se sent ainsi valorisé, par solidarité avec le récipiendaire. Mais, c'est aussi un encouragement pour lui à persévérer dans ses efforts.

Donnez à chacun sa chance pour un avenir meilleur

Chaque emploi devrait comporter le potentiel de mener à quelque chose de mieux et de plus grand. Sachez consacrer le temps nécessaire à former vos salariés pour qu'ils progressent, même si c'est pour vous un risque de les voir partir vers un meilleur poste dans une autre entreprise. C'est le signe que vous vous préoccupez de leur développement personnel. Si vous voulez que vos salariés attachent de l'importance à votre entreprise, manifestez-leur l'importance que vous attachez à leur progression personnelle.

Démontrez par vos actes que si vous êtes pour l'égalité des chances vous refuserez le nivellement par le bas si cher aux Français.

Dans l'un de ses nombreux ouvrages, Pierre Daninos rapporte qu'au début des années cinquante, il s'était rendu, au moment des grands départs en vacances, à la Gare de Lyon. Face à la cohue indescriptible qui régnait sur le quai, on pouvait apercevoir des passagers déjà confortablement installés en 1ère classe. Il fut alors apostrophé par une brave mère de famille, échevelée, ayant bien du mal à garder ses enfants auprès d'elle, encombrée d'énormes bagages et visiblement excédée de ne pas trouver son compartiment, en 3ème classe : " Si c'est pas honteux lui dit-elle en faisant un signe de tête vers les privilégiés confortablement installés, j'te mettrai tout ça en 3ème classe, comme tout le monde ". La partie " égalité " de notre devise nationale n'induit pas chez nous la volonté de s'élever mais celle de ramener ceux qui sortent du lot au niveau du plus grand nombre. Vous combattrez ce penchant avec pugnacité dans votre entreprise.

Animez personnellement la transversalité

Groupes de progrès stratégiques

Les groupes de progrès stratégiques sont organisés en réunissant pour chacun d'eux une équipe dont les membres viennent de différentes fonctions de l'entreprise dans le but, soit de résoudre un problème spécifique, soit de mener, sur la durée, une action transversale, parce qu'elle touchera plusieurs fonctions ou fonctionnalités de l'entreprise.

C'est donc devoir atteindre un résultat avec des partenaires dans une relation qui n'est pas hiérarchique.

- Le premier groupe de progrès stratégique que le management entrepreneurial, qui constitue la méthode **perform'up**®, recommande au dirigeant d'animer lui-même est celui qui traite de la politique des relations humaines. C'est le sujet majeur de toute entreprise, celui que, dans une PME, on ne doit pas confier à une direction spécialisée. Le poste de directeur des relations humaines doit être assumé personnellement par chaque chef en charge d'hommes et la politique « relations humaines » conduite par l'équipe dirigeante. C'est donc le groupe formé par les doigts de la main qui en traitera.

- Le deuxième groupe de progrès stratégique, constitué de représentants des différentes fonctions, particulièrement le marketing et le management des opérations, dans sa partie technique, traitera de l'innovation à ses différents stades, au sein des différentes directions de l'entreprise. Nous étudierons au chapitre suivant la structure qui semble aujourd'hui la plus performante en matière d'innovation. Dans ce domaine, oh combien sensible et stratégique pour l'avenir de l'entreprise, c'est le chef d'entreprise qui est aujourd'hui en première ligne et qui coordonne l'évolution et le développement du cœur de métier.
- Le troisième groupe de progrès stratégique se concentrera sur l'élaboration des prix de vente. C'est le sang de l'entreprise, le résultat opérationnel qui est l'enjeu de ce groupe. Sa composition sera faite avec soin car il faut en permanence trouver le bon compromis, celui qui résulte de l'élasticité de la demande. Et il utilisera toutes les techniques d'optimisation comme le Yield Management, par exemple.
- Le quatrième groupe de progrès stratégique « analyse de la valeur » constitué d'une équipe permanente comprenant un représentant « produit/service », un représentant production ou logistique, un représentant achats ou sourcing, un représentant du marketing aura pour tâche, en permanence, d'adapter le produit à ce que demande vraiment le client pour le prix qu'il accepte de payer.

- Le (s) groupe (s) de progrès benchmarking est (sont) constitué (s) ad hoc, à chaque fois que se pose un problème précis pour lequel ce type d'analyse va permettre de se mesurer avec les meilleurs pratiques et de définir des standards de résultats ambitieux. Dans les faits, il y a toujours un groupe de progrès Benchmarking en action.

Si ces groupes de progrès stratégiques apparaissent indispensables, aujourd'hui, c'est afin de permettre aux entreprises d'être plus souples, plus réactives. Ils s'attachent à montrer le sens du travail de chacun en permettant plus d'autonomie et de prise de responsabilité.

Communication interne

La communication interne, c'est d'abord de la communication. Dans une entreprise comportant un certain nombre de salariés, s'il en existe une, qui est bien organisée et efficace, parce que dévolue à la critique systématique, sans proposition alternative, c'est, évidemment, celle pratiquée par les syndicats dits "représentatifs", dont le mode d'élection des représentants, par le privilège du premier tour syndical, demeure l'un des vestiges du stalinisme le plus obscur. La libre circulation de leurs délégués, à tout moment, et à tout endroit de l'entreprise, leur permet de faire circuler les rumeurs les plus folles grâce au bouche-à-oreille. Leurs panneaux d'affichage sont remplis de revendications, toutes plus irréalistes les unes que les autres et leurs heures de délégation sont utilisées, quand on a l'insigne privilège d'être informé de l'usage qui en est fait, pour suivre des formations de leur syndicat, dans le but, non de défendre les intérêts des salariés mais ceux, justement, des syndicats. Aucun autre pays moderne n'accepte aujourd'hui ce système, conflictuel par nature, qui conduit à opposer des principes politiques d'un autre temps aux réalités économiques de marchés mondialisés.

En dépit de cette situation, parfois déstabilisante, surtout quand l'entreprise tire le diable par la queue, pour mobiliser les énergies en motivant les troupes, vous devrez communiquer. Une seule règle : la vérité, la transparence de l'information et sa diffusion sans fard. Lorsque la hiérarchie a la certitude de disposer d'une information fiable, elle la fait circuler avec conviction. Quelle que soit la forme que vous lui donnerez par ailleurs – intranet de l'entreprise, notes sur panneaux d'affichage, journaux internes, mailing-lists, vidéos, etc.... – la cohérence de la hiérarchie de l'entreprise autour de sa vérité reste le média le plus puissant, le seul qui remplace la rumeur par de l'information.

A la fin des années 90, dans une usine que je dirigeais et qui employait environ 500 personnes, un plan de restructuration dut être envisagé. La nature des difficultés – structurelles – exigeait une réduction d'effectif de l'ordre de 30 % et la suppression de certains avantages acquis, dont le 13ème mois. Avec mes collaborateurs, je m'apprêtais à affronter un conflit d'autant plus dur que l'un des leaders syndicaux avait des comptes à régler avec sa hiérarchie directe. Je pris alors la décision de communiquer directement avec les salariés et reçu l'ensemble du personnel, par groupes de 20, pendant une heure chacun. 20 minutes furent consacrées à l'exposé des problèmes et des solutions envisagées, 40 minutes à dialoguer. Dans leur très grande majorité, les salariés comprirent qu'en acceptant des sacrifices immédiats la majorité du personnel augmentait fortement ses chances de pérennité d'emploi et, se refusant alors à toute grève, força les syndicats à négocier sur les aménagements du plan social et non plus sur son principe. Cela m'avait coûté une pleine semaine de mon temps mais le résultat avait été à la hauteur de l'effort consenti.

N'abandonnez surtout pas la communication interne à un service, aussi talentueux soit-il. Vous êtes le chef d'entreprise, celui qui met en œuvre sa vision en conformité avec ses valeurs, sa méthode et sa personnalité. C'est donc à vous de communiquer, avec vos propres mots et votre propre sensibilité.

Exprimez-vous auprès de tous avec simplicité et en toute franchise, sans sophistication.

Rencontrez de façon informelle, autant de collaborateurs que vous le pourrez, chaque jour. Sortez de votre bureau pour aller, à l'extérieur, voir des clients et, à l'intérieur, les membres de votre personnel. Vous en apprendrez beaucoup plus que de la centaine de mails qu'on vous expédie chaque jour et qui pollue votre quotidien.

Devenez un pratiquant assidu du « management by walking around ». C'est d'abord un moyen extraordinaire de détecter les dysfonctionnements car, dans une organisation, si les ordres doivent nécessairement passer par la voie hiérarchique quand on veut éviter l'anarchie, l'information, elle, se prend là où on la trouve. C'est aussi l'occasion d'avoir un contact direct avec tous les membres du personnel, d'échanger avec eux sur les détails de leur activité, de mesurer l'ambiance et l'état d'esprit qui règne à la base. C'est enfin l'opportunité, mais il faut veiller à rester très cohérent, de faire passer de l'information et des messages clairs.

Dans ce monde de surinformation, pourquoi vos employés devraient-ils venir à l'atelier ou au bureau, nourris d'informations extérieures leur donnant la connaissance détaillée du moindre conflit dans le monde et ne rien savoir sur l'évolution de leur propre entreprise ?

Publiez, au travers de l'intranet de l'entreprise et sur les panneaux d'affichage dans les ateliers qui n'en sont pas pourvu, une feuille d'information quotidienne. Publiez les chiffres d'activité de la veille, les évènements marquants. Indiquez où sont les absents du jour : en arrêt-maladie, en congé ou en déplacement pour le compte de la société et pour voir qui. Annoncez les visiteurs du jour, qui ils viennent voir et pourquoi. Il n'y a aucun inconvénient à être transparent. Si cela va bien, réjouissons-nous ; si, au contraire, cela va mal, retroussons nos manches. Il faudra se surpasser.

La vérité est au cœur d'un bon management des hommes. Plus vous serez transparent, plus vous direz la vérité, plus on vous fera confiance. Et la confiance est à la base de tout succès.

Une fois par mois, également, ou par trimestre, selon la taille de l'entreprise, prenez de la hauteur et rédigez une synthèse d'une page sur la marche des affaires que vous adresserez à tous les membres du personnel.

Enfin, chaque année, n'omettez pas, au moment de l'assemblée générale des actionnaires, de réunir également l'ensemble du personnel pour lui présenter les comptes de l'année écoulée sans vous dérober à aucune question.

Qui, autour de vous, avec vous ?

« La tâche la plus importante d'un chef d'entreprise, une fois qu'il dispose du produit/service gagnant c'est d'avoir la meilleure équipe pour le développer ». Brian Tracy, Spécialiste américain de la motivation.

Ce n'est certes pas politiquement correct ; c'est peut-être même l'expression d'une certaine forme de discrimination mais tant pis, soyons clair : choisissez de ne travailler qu'avec des gens qui aiment les gens. Dès votre premier compagnon, faites de ce trait de caractère la condition sine qua non de toute embauche, loin avant tout les autres critères.

Les gens qui aiment les gens sont courtois, respectueux des autres, attentifs et motivés. Ils sont dévoués au groupe humain dont ils font partie et « jouent collectif ». Ils font le travail, comme on dit. Ils sont les artisans de vos futurs succès. Ne transigez jamais sur ce point ; il est très au-dessus de tous les autres. Vous observerez aussi les préceptes suivants :

- Soignez le plus bas niveau d'encadrement. Ce sont eux qui font l'entreprise.
- Concentrez votre attention sur les hommes plutôt que sur les systèmes. Les professeurs de management à l'université Stanford, Jeffrey Pfeffer et Robert Sutton en ont tiré une théorie : *« La loi des systèmes foireux est plus forte que la loi des nazes ».* Autrement dit, avant de s'interroger sur les qualités ou les défauts supposés des hommes composant l'organisation, il faut peut-être d'abord s'interroger sur les méthodes d'organisation elles-mêmes car les performances des systèmes sont parfois plus importantes que les performances des individus. Il existe, bien sûr, des incapables mais les systèmes inefficaces sont plus destructeurs que les gens incompétents. Ils peuvent transformer un génie en idiot. Tout le monde sait que l'extraordinaire succès de l'économie allemande, depuis la dernière guerre, repose sur son « Mittelstand », son tissu de PME. Mais ce que l'on sait moins, c'est que ce succès a été rendu possible par la qualité exceptionnelle de la maîtrise dans les entreprises, échelon qui n'avait pratiquement pas d'équivalent en France.
- Quand vous recrutez, engagez des passionnés. Réunissez autour de vous des personnalités différentes. Si deux managers ont les mêmes idées, l'un d'entre eux est

inutile. Sélectionnez des hommes d'intuition plutôt que des stratèges froids, des hommes de métier de préférence aux technocrates, flexibles et réactifs plus que leader soi-disant infaillible. En plus de leur compétence professionnelle, ils feront preuve de créativité et d'engagement, réfléchiront davantage à leur responsabilité qu'à leur plan de carrière ou aux intrigues du pouvoir et sauront faire preuve de courage et de sang-froid.

- Ce n'est plus de mode mais tellement nécessaire dans la période que vous traversez : exigez plus de quantité de travail. Non seulement l'entreprise en a besoin mais les grands travailleurs sont aussi les premiers bénéficiaires de leurs efforts : prenons le cas de deux individus d'intelligence et d'expérience égale. L'un travaille 8 heures par jour et l'autre 12 heures par jour pendant 10 ans. A la fin l'un aura 10 ans d'expérience et l'autre 15. Lequel est potentiellement le meilleur ?
- Lorsqu'arrive un nouveau venu, préparez soigneusement son accueil, quel que soit le poste qu'il va occuper. Hors de l'entreprise, dans son milieu naturel, il sera votre ambassadeur. Il est donc nécessaire qu'il connaisse bien l'entreprise pour laquelle il va travailler et l'ensemble des personnes qui composent le groupe humain auquel il va appartenir. Vous comptez sur lui ? Expliquez lui pourquoi. Les nouveaux venus doivent savoir ce que l'entreprise attend d'eux et ce qu'ils peuvent attendre en retour.

Les hommes ne sont pas des rouages et tout n'est pas mesurable. C'est pourquoi rien ne remplace l'observation directe et le dialogue ; rien ne remplace non plus la mobilisation de l'intelligence collective au service du bien commun.

Faites émerger des leaders

La plupart des gens pensent que le leadership est associé aux seuls dirigeants, ceux qui se trouvent à la tête des grandes entreprises ou des hautes administrations. Ils s'imaginent que le leadership est associé à leur titre ronflant.

C'est, bien sûr, totalement faux et si, dans votre entreprise, vous pensez devoir rester le seul et unique leader, vous faites fausse route. A chaque fois que vous manifestez le sentiment que le leadership vous est réservé, vous communiquez à vos collaborateurs l'idée qu'il n'est pas fait pour eux et pire, qu'ils ne sont pas capables de l'exercer.

Or, le leadership, n'est ni l'autorité, ni la hiérarchie. Le leadership ne s'impose pas. Il est consenti. Il se manifeste par une empathie vis-à-vis des autres et se matérialise sous la forme d'une attitude altruiste d'aide et de soutien à tous les membres de votre équipe.

Pourquoi voudriez-vous en garder l'exclusivité alors que ce talent, plus il se diffuse dans l'entreprise, mieux il permet d'organiser des équipes motivées autour de chefs responsables. Quel meilleur système de délégation pouvez-vous avoir que celui qui repose sur l'échange et la responsabilité partagée à tous les niveaux de l'entreprise ?

Le leadership n'est pas du management. C'est d'abord le souci d'élever tous ceux qui vous entourent à la même qualité d'engagement dans la réalisation des objectifs poursuivis. Le leadership, consiste à changer la culture de vos équipes, attaquer les marchés sans craindre de rompre avec les habitudes, changer les trajectoires pour le mieux et refuser les fatalismes.

Le premier devoir d'un leader est d'encourager ses équipiers à le devenir et à conduire leurs propres troupes dans la même voie.

Oui, quand le leadership est contagieux, il permet d'accélérer le développement car il mobilise un beaucoup plus grand nombre de collaborateurs dans l'entreprise.

Au quotidien

Les réunions

Non, elles ne sont pas inutiles, bien au contraire, mais elles doivent être organisées et structurées en prenant en compte leur coût financier direct qui est très élevé et leur coût induit sur le fonctionnement harmonieux de l'entreprise qui ne l'est pas moins.

Il faut tenir des réunions régulières sur des thèmes précis. Nous l'avons vu au paragraphe précédent, les groupes de progrès stratégiques ne donnent des résultats que parce qu'on réunit, en transverse, des hommes originaires des différents métiers qui cohabitent au sein de l'entreprise pour qu'ils réfléchissent ensemble et proposent des pistes d'amélioration des produits/services, processus et méthodes dans le but d'améliorer le service au client et la rentabilité de l'entreprise.

Afin d'éviter que votre propre entreprise ne fasse partie de celles dans lesquelles les cadres passent 16 années de leur vie en réunion (étude publiée en mars 2014 en France), je vous propose quelques règles simples qui feront de vos réunions des réunions productives, véritablement utiles.

- Lorsqu' il s'agit d'une communication rapide ou d'un échange de lancement de journée, tenez vos réunions debout. Vous éviterez ainsi les prolongations inutiles.
- Quand vous convoquez une réunion, la convocation contiendra un ordre du jour (un sujet ou plus), une heure de démarrage et une heure ultime de clôture.
- Commencez vos réunions à l'heure. Tant pis pour les retardataires. *J'ai connu un P-DG qui faisait fermer la porte de la salle de conférence à clé après l'heure de convocation d'une réunion et qui, ainsi, en excluait, à leur grand dam, ceux qui arrivaient en retard.*
- Terminez vos réunions à l'heure ou même avant, si les sujets sont épuisés. Présider ou animer une réunion fait partie des techniques qu'un chef d'entreprise doit maîtriser. C'est à lui de recentrer les débats sur l'ordre du jour et l'objectif ; c'est à lui de couper court aux digressions. Et, si vous n'avez pas couvert l'intégralité de l'ordre du jour, terminez quand même à l'heure. Vous poursuivrez ultérieurement.
- Ne clôturez pas une réunion sans avoir récapitulé et reformulé les dispositions qui ont été prises et rappelez précisément qui a été chargé de quoi.
- Faites faire un compte rendu sous 24 heures pour tous les participants et servez-vous de ce compte rendu pour consigner les tâches distribuées à vos collaborateurs dans vos fiches de suivi de leur action.

Pourquoi les réunions doivent-elles être gérées rigoureusement ? Parce que vous êtes celui qui paye les heures qui y sont passées.

Une réunion créatrice : le brainstorming

Lorsque tout ronronne ou, au contraire, se délite, il faut savoir se remettre en cause, parfois rebondir ou éventuellement, engager une stratégie de rupture pour mieux se redéployer. C'est alors qu'un bon brainstorming peut permettre de trouver la bonne idée, l'étincelle qui va relancer la machine.

Mais attention ! Pour qu'un Brainstorming soit efficace, si le chef d'entreprise veut en être l'animateur, il devra, d'abord, bien préparer la réunion et se conformer ensuite à des règles précises, lesquelles auront été clairement exposées au groupe préalablement :

1. Tous les membres de son équipe doivent y participer, sans exception.

2. La discussion se veut libre et laisse place à toutes les idées, y compris les plus folles. Il faut de la fantaisie pour libérer les pudeurs et de la quantité pour pouvoir ultérieurement sélectionner,

3. Les propositions des uns et des autres ne seront ni critiquées, ni évaluées,

4. Une fois émises, les idées appartiennent à l'ensemble du groupe, non à celui qui les a exprimées,

5. Avancer une proposition ne signifie pas s'engager personnellement à la mettre en œuvre,

6. Ce n'est qu'après la séance de brainstorming qu'intervient l'évaluation des différentes idées et la décision d'en retenir certaines et pas d'autres,

7. Il est utile qu'un facilitateur veille au respect des 6 règles précédentes. En effet, il y a toujours un risque que l'animateur, vous, en l'occurrence, interrompiez régulièrement les participants avec vos propres idées.

Après la séance de créativité, le chef d'entreprise que vous êtes reprend la main et fait évaluer la mise en œuvre pratique des idées exprimées par ceux de son équipe dont c'est la compétence. Il veillera à ce que l'objectivité reste de mise et à ce que personne ne maltraite des idées dont il n'est pas l'auteur ou, au contraire, ne construise des arguments pour celles qu'il a émises personnellement. Les idées appartiennent à l'ensemble du groupe et leur mise en œuvre ou non doit être déterminée par des évaluations objectives conformes aux intérêts de l'entreprise et non à la gloire de leur auteur.

Formation et Promotion

« Donner du poisson à quelqu'un qui a faim, dit un proverbe Africain, c'est l'asservir ; lui apprendre à pêcher c'est le libérer ». Chacune, chacun, dans votre entreprise, doit avoir la volonté de progresser, ce qui n'est possible qu'en se formant.

Il existe aujourd'hui de multiples possibilités de formation, grâce aux cotisations des entreprises et à l'extension des droits individuels des salariés.

Ah ! ce 1 % formation ! comme on dit familièrement. Cette tendance, bien française à légiférer sur tout et sur rien dans le domaine privé, par manque de confiance dans la capacité des partenaires sociaux à négocier, a engendré, pour ce qui concerne la formation professionnelle, l'une des usines à gaz la moins efficace qui soit. Même le taux retenu 1,60 % (pour les entreprises de plus de 20 salariés) , ne veut rien dire ; et en tous cas, personne n'a jamais pu expliquer en quoi il était le bon, valable aussi bien pour l'industrie pétrolière qui n'emploie que très peu de main d'œuvre que pour l'industrie textile dont les dépenses ne sont quasiment constituées que de frais de personnel, qui plus est, de faible qualification. Les grands principes qui ont prévalu lors du vote de cette loi ne se sont pas embarrassés de détails aussi triviaux. Oublions donc cette taxe stupide. La formation du personnel est une absolue nécessité et doit être organisée comme telle, conformément aux besoins de l'entreprise, pour assurer son développement dans son univers concurrentiel. Ce n'est pas une question de taux mais de besoins et de moyens. Certaines entreprises dépensent jusqu'à 20 % de leur masse salariale en formation parce que leur technologie ou la nature de leurs produits l'exige. La formation doit être concentrée sur un seul objectif : la réussite économique de l'entreprise. Comment peut-on, aujourd'hui, au XXIème siècle, « plomber » les entreprises françaises en les obligeant à accepter de financer des études de Sanscrit, parce que c'est le dernier dada d'un de leurs employés, alors qu'elles fabriquent de la coutellerie, par exemple !

Encouragez vos collaborateurs à se former et récompensez les progrès réalisés mais, comme vous avez besoin d'eux à 200 pour cent, exigez qu'ils apprennent à jongler avec les horaires et sacrifient un peu de leur temps personnel ; c'est, logiquement, leur contribution.

De même, ne poussez pas quelqu'un à se former qui ne le veut pas, c'est peine perdue. Attendez toujours que se manifeste une forte motivation et orientez les demandes vers des disciplines qui servent l'entreprise.

Si vous le pouvez et si cela doit déboucher sur des embauches ultérieures, n'hésitez pas à accueillir des apprentis. Vous formerez ainsi des jeunes gens aptes à prendre la relève dans quelques années, en totale osmose dès leur arrivée et parce que c'est leur premier poste, avec la culture maison.

Il faut, cela fait partie de la fonction « Relations Humaines » que vous partagez avec votre équipe, suivre attentivement les salariés à haut potentiel et les pousser à se former. Pour renforcer leur motivation, associez-y des promotions, lorsqu'ils justifieront de la réussite de leur parcours.

Informez les membres de votre personnel des postes que vous envisagez de créer dans un avenir plus ou moins proche. Ils peuvent intéresser certains d'entre eux, prêts alors à suivre la formation nécessaire à se qualifier.

Enfin, et c'est corrélé à la formation, préférez toujours la promotion interne au recrutement quand c'est possible, même si, nous l'avons vu, un effort de formation doit être engagé pour mettre à niveau le candidat interne.

La promotion interne est un puissant facteur de motivation pour tous les employés d'une entreprise car elle permet à chacun de s'imaginer un avenir meilleur et de travailler à sa réalisation. Motivation, honnêteté, travail et compétence sont alors exacerbés.

C'est pourquoi chacun des membres de l'équipe de direction doit tenir à jour l'inventaire des talents dont il a la charge et échanger à ce sujet avec ses collègues pour que l'entreprise toute entière y trouve son intérêt. Au cours des entretiens réguliers avec ses collaborateurs, tout chef doit, au fur et à mesure, noter et archiver ses impressions sur ce qu'il considère être des qualités ou des défauts, sur le fonctionnement de celui qu'il observe, dans le calme comme dans la tourmente, au sein du groupe social auquel il appartient, vis-à-vis de sa hiérarchie ou de ses équipiers.

Dans une entreprise qui considère la promotion interne comme une priorité, l'inventaire des talents et des compétences est le seul moyen qui permette de trouver l'homme idoine lorsqu'un poste se libère. Il s'agit donc, non seulement, d'une chance offerte à l'entreprise de poursuivre son parcours sans cahot inutile mais aussi d'une forme de motivation puissante pour ceux qui bougent et qu'on peut faire évoluer.

Rémunérez et récompensez

Toute entreprise doit avoir un système de récompense, d'évaluation et de contrôle pour assurer la poursuite de ses buts. Soyez donc particulièrement concentré au moment de l'élaboration de la politique salariale que vous entendez pratiquer.

Rémunérations

On philosophe beaucoup sur les rapports de travail, sur la notion, parait-il, aujourd'hui dépassée, du contrat de louage de service, sur la discrimination à l'embauche, etc.

Au bout du compte, il n'en reste pas moins vrai qu'une rémunération est la contrepartie d'un travail. Point. Il est donc totalement inéquitable de traiter les gens de la même façon. Au nom de quoi ceux dont la contribution est supérieure devraient-ils être rémunérés de la même façon que ceux qui font juste le nécessaire ?

Ne pratiquez donc pas le système des augmentations générales. Et si ça grince avec les syndicats, tant pis. Une augmentation générale est, de la part du chef d'entreprise, une lâcheté parce qu'il s'exonère ainsi de l'exigence de décider et de trancher. En outre, les augmentations générales enlèvent à ceux que vous chargez de responsabilités, l'un des moyens essentiels de leur commandement qui est la possibilité de proposer ou non une amélioration de la rémunération de leurs subordonnés.

Rémunérations fixes

Quel que soit le niveau hiérarchique des populations concernées, la meilleure façon de gérer la rémunération des salariés est de le faire, une fois par an, en début d'année, ou, à la date anniversaire de leur entrée dans l'entreprise, au niveau le plus proche de leur activité quotidienne. Il convient d'attribuer à chaque responsable en charge d'une équipe un budget annuel d'augmentation sous forme d'un pourcentage sur la rémunération de l'équipe toute entière.

Ce pourcentage est la part de l'accroissement de productivité constaté au cours de l'exercice précédent que le chef d'entreprise considère comme possible de distribuer. Ne raisonnez pas en termes d'inflation. Vous ne pouvez payer qu'avec votre argent, pas celui de l'économie, en général. Et votre argent vient de ce que vous avez gagné, pas de l'inflation.

Chaque responsable d'équipe fera alors, dans le cadre de son budget global, ses propositions de répartition entre les membres de son équipe à son N+1 et ils décideront, ensemble, de l'attribution définitive réservée à chacun des individus de l'équipe. Ce système permet de récompenser ceux dont les mérites sont évidents mais au détriment des autres. Il n'y a là rien que de normal.

A la suite de cette décision, il appartiendra au responsable de recevoir en entretien individuel tous les membres de son équipe afin d'échanger avec eux de façon un peu formelle sur leur activité et leur contribution passées et de leur communiquer les décisions qu'il aura prise.

Aux Etats-Unis, ce système fonctionne depuis des décades parce qu'il correspond bien à la mentalité américaine qui intègre responsabilité et brutalité des rapports hiérarchiques.

En France, c'est plus délicat, tant l'entreprise est considérée comme la mère nourricière. Les entretiens sont alors le lieu de querelles byzantines sur les raisons des échecs ou des succès de l'année et se terminent souvent mal, psychologiquement, pour les deux participants.

La formalisation d'une procédure d'évaluation du personnel doit se traduire par une phrase : "*chaque chef est tenu de recevoir ses collaborateurs en entretien individuel, chaque semestre et de communiquer à son propre chef, par une note de vingt lignes maximum, les dispositions qu'il propose".*

Abolissez les questionnaires standards et laissez chacun évaluer à l'aune de sa propre sensibilité. Mais exigez que l'évaluation se fasse au rythme souhaité et au regard de l'exécution de la stratégie de l'entreprise. *Jack Welsh, Président de Général Electric pendant plus de 20 ans, a appliqué avec constance cette méthode et, pour ce qui concerne ses propres collaborateurs, en tenant, de sa main, des fiches résumant tout au long de l'année sa relation avec eux, au fil de leurs rencontres et des résultats obtenus. C'est grâce à ce système qu'en 2001, il choisit Jeff Immelt pour successeur, choix heureux puisque les performances de l'entreprise poursuivent leur amélioration régulière.*

C'est ainsi que l'entreprise peut favoriser ceux qui lui permettent de mieux servir le client. Il faut, sur ce plan, lever toute ambiguïté sur le sens du travail en entreprise.

Rémunérations variables

Dans vos tâches quotidiennes sont comprises la recherche de la sécurité de l'entreprise et l'accroissement de sa rentabilité. L'une d'elle consiste à transformer, autant que faire se peut, les frais fixes en frais variables. Mais vous voulez aussi motiver vos troupes et leur montrer qu'ils auront leur part du résultat. Il est communément admis qu'une bonne clé de répartition du résultat consiste à en capitaliser 1/3 pour l'investissement, à en distribuer 1/3 à l'actionnaire, sous forme de dividendes et 1/3 au personnel sous forme d'intéressement et de participation. Cette assertion, un peu trop générale, doit être modulée en fonction de l'intensité capitalistique ou de main d'œuvre de l'entreprise. Le rapport d'1/3 à l'investissement et 1/3 à la masse salariale n'est évidemment pas le même selon que l'entreprise est une compagnie pétrolière dont l'investissement est très élevé et les frais de personnel très faibles en comparaison, ou au contraire une entreprise de services à domicile dont l'investissement est quasi-nul et les frais de personnel très élevés.

Pour gérer au mieux la part variable des rémunérations, vous pourrez procéder ainsi :

- Pour chaque poste qui comprend une activité et des résultats directement mesurables, introduisez une part variable indexée sur le progrès avec une évaluation permanente.
- Pour l'ensemble de l'effectif, y compris ceux qui disposent déjà d'une part variable, mettez en place un contrat d'intéressement. Ce contrat d'intéressement peut revêtir plusieurs formes mais il faut que le rapport entre les primes versées et l'objectif annoncé soit effectivement compréhensible par tous les bénéficiaires. Comme les contraintes légales du contrat vous obligent à une attribution de portée générale, et que, par ailleurs, pour que des primes d'intéressement aient quelque efficacité sur la motivation du personnel, leur versement doit être fréquent (tous les trois mois constitue un intervalle maximum ; tous les mois serait idéal mais souvent difficilement applicable), vous resterez simple dans la définition des paramètres. Un intéressement trimestriel au progrès, par exemple, du chiffre d'affaires

par rapport à l'an dernier ou par rapport à un seuil de rentabilité est facilement assimilable et motivant. On peut, sans danger, faire intervenir aussi quelques variables comme le présentéisme, le nombre d'incidents de non-qualité, le taux de service au client, pourvu que la définition que vous proposerez soit claire et compréhensible par tous. La cohérence de votre action exige toutefois que les critères qui serviront de support aux primes soient bien en ligne avec les objectifs que vous avez fixés. Récompenser la productivité horaire alors que vous avez mis la qualité au premier rang, par exemple, est incohérent.

- En montant en grade, vous pourrez ajouter, hors système légal d'intéressement, d'autres variables liées aux objectifs individuels de chacun : niveau des stocks, retour sur investissement, part de marché, etc... Il n'y a pas d'autre limite que la faculté pour le bénéficiaire de peser effectivement sur le résultat demandé.
- Enfin, les récompenses liées au résultat. Bien sûr, au premier chef, l'application de la loi : la participation. Mais, pour l'équipe exécutive qui vous entoure c'est insuffisant. Une grosse partie de sa rémunération – comme la vôtre d'ailleurs – doit être liée au résultat. Vous établirez donc une grille de bonus faisant partie intégrante de la rémunération des cadres supérieurs. Il est désormais admis par tous que, plus on s'élève dans la hiérarchie, plus la rémunération annuelle doit dépendre de la part variable. Si 10 à 15 pour cent de part variable semble une bonne répartition pour le salarié de base, 40 à 50 pour cent n'est pas contre-indiqué pour les membres de l'équipe de direction. Et s'ils font fortune, tant mieux !
- Il est aussi intéressant de mettre en œuvre des plans d'achat d'actions. Les entreprises dont le personnel constitue une part importante de l'actionnariat s'avèrent, sur le long terme, plus performantes que les autres. La formule est simple à mettre en place et se révèle, en

principe, rapidement efficace ; d'autant plus que les primes d'intéressement et de participation versées peuvent être converties en action et être ainsi, sous condition, défiscalisées. Mais ne donnez jamais d'actions, vendez-les ; à un prix très intéressant si vous jugez utile d'abonder, mais vendez-les ! Ce qui est gratuit ne vaut rien. C'est la raison pour laquelle on sera aussi plus réservé sur les stock-options dont la législation et la fiscalité, de surcroit, se compliquent au fil de la publication régulière d'usages dévoyés.

- Il existe de multiples moyens de faire participer chacun au résultat d'une entreprise. Il est impossible de les citer tous d'autant que certains sont directement liés au métier exercé. Mais il ne faut pas négliger la bonne vieille « boîte à idées ». Grâce à Internet ou à l'Intranet local, son fonctionnement s'est beaucoup amélioré. Elle donnera de bons résultats si vous vous en donnez les moyens : analyse de toutes les suggestions et chiffrage par un groupe de progrès stratégique impartial, publication des résultats et intéressement significatif du récipiendaire au bénéfice retiré de l'application d'une suggestion. Cela marche dans les grandes entreprises – *France Télécom, par exemple, qui a réactivé et modernisé son système grâce à Internet, fait état de milliers de suggestions chaque année* – et aussi dans les petites.

Malheureusement, les systèmes d'intéressement sont devenus, au cours des dernières années, et quel que soit le revenu concerné, des vaches à lait fiscales. Ils sont donc moins intéressants mais, dans un contexte où ils constituent, pour partie, un substitut à des rémunérations fixes, il ne faut absolument pas s'en priver.

Récompenses non pécuniaires

Evidemment, dans la liste des récompenses non-pécuniaires, celles qui viennent immédiatement à l'esprit, sont le grade ou le titre. Il y en a, des femmes et des hommes, pour qui le titre associé à la fonction est plus important que son contenu ou que la rémunération correspondante.

A court terme, ce penchant peut servir vos intérêts, mais à long terme, il fait la part trop belle à l'égo pour que le jeu collectif que vous prônez y trouve son compte. Méfiez-vous donc de l'inflation des titres : ils multiplient les jalousies internes et projettent à vos partenaires extérieurs la caricature d'une armée mexicaine.

La première récompense non-pécuniaire dans une entreprise, c'est le développement personnel. Harold Geneen, CEO d'ITT disait : « *Dans les affaires, on perçoit deux types de salaires : l'un en espèces et l'autre en expérience. Encaissez d'abord l'expérience ; les espèces suivront* ». Par votre attitude décentralisatrice, l'intérêt que vous portez à vos collaborateurs, les formations que vous leur suggérez, le parcours varié que vous leur faites suivre au sein de l'entreprise, vous leur permettez de progresser et de gagner de la valeur sur le marché du travail ; c'est énorme ! Vous leur permettez également de s'épanouir, ce qui n'est pas rien.

Pour l'encadrement moyen et le personnel d'exécution, excepté pour les champions du service client, ne vous livrez pas à l'affichage de « la femme ou l'homme du mois » ou toute formule naïve du même style qu'affectionnent pourtant les anglo-saxons. A part chez McDonalds, cela ne marche pas vraiment en France.

Mais rien ne vous empêche, le cas échéant, et ce sera toujours apprécié, de faire vos compliments en public, de rédiger un courrier de félicitations ou de citer dans les organes de communication internes ou même externes, les hauts faits d'Unetelle ou d'Untel. Non seulement vous entretiendrez la flamme du récipiendaire mais, plus largement, celle aussi de son environnement de travail direct. Vous n'omettrez pas non plus d'organiser ou de poursuivre la cérémonie annuelle des médailles du travail. C'est une tradition à laquelle tout le monde tient, en France.

Toutes les attentions dont vous pourrez entourer votre personnel seront appréciées. Sachez, à chaque occasion, le mettre en avant pour que, détendu et concentré sur les objectifs, il vous suive dans le chemin de la croissance.

Licenciez aussi quand c'est nécessaire

Vous avez le devoir d'être juste et équitable. Il est indispensable de récompenser ceux qui réalisent vraiment des performances, ceux qui contribuent au succès de votre entreprise, mais il est tout autant indispensable de veiller à ce que les médiocres s'en aillent.

C'est une politique dure et très éloignée de la tradition paternaliste française, mais vous devez, chaque année, pousser vers la sortie ceux qui n'arrivent pas à faire les efforts nécessaires à s'améliorer, malgré le soutien que vous leur apportez par votre écoute empathique et les formations qu'ils peuvent suivre pour se mettre à niveau. Selon les entreprises, leur taille, leur métier, ce sont 5 à 10 pour cent des effectifs qui ne font pas l'affaire.

Vous ne pouvez pas accepter qu'ils continuent à entraver la marche en avant du plus grand nombre. Faites de leur départ une politique délibérée et annoncez-la haut et fort. Elle doit toutefois s'accompagner, tout au long de l'année, d'entretiens réguliers avec ceux qui n'apportent pas leur contribution à la collectivité. Il serait, en effet, inacceptable et cruel de licencier un père de famille de cinquante ans dont les enfants vont encore à l'école alors qu'on lui avait toujours dit auparavant qu'il était bon et qu'on n'avait pas de reproches particuliers à lui faire.

C'est la responsabilité et le devoir du chef que de licencier ceux qui sont mauvais ou qui entravent le développement de tous les autres. C'est toujours difficile mais son rôle dirigeant lui interdit de se soustraire à cette responsabilité. Il le doit à l'entreprise et il le doit à tous ceux qui la font fonctionner avec efficacité. L'entreprise n'a pas de rôle social intrinsèque. Elle a un rôle et une finalité exclusivement économique.

Surveillez vos taux d'absentéisme et de départs

Vous n'échapperez pas à ces mesures. Au niveau professionnel, trouver le taux d'absentéisme général est relativement facile : c'est l'un des indicateurs-clé de tout syndicat patronal. Dans l'entreprise aussi, puisque c'est l'une des informations-clé de la comptabilité-salaires. De l'écart entre les deux taux, vous pourrez facilement tirer la conclusion que le climat est généralement bon lorsque le taux d'absentéisme de l'entreprise est inférieur à la moyenne de la profession et plutôt mauvais lorsque c'est l'inverse. Ce jugement devra toutefois être modéré s'il existe des primes de présentéisme ou des systèmes équivalents. Ne survolez pas ce sujet ! Le taux d'absentéisme est une composante essentielle de la productivité et par là-même un facteur de différenciation compétitive.

Le taux de démission est important également. Mais, plus importantes encore sont les raisons de ces démissions. Débriefez personnellement quelqu'un qui a décidé de partir.

Vérifiez bien qu'il vous donne la vraie raison de son départ. Elle explique peut-être une situation que vous n'auriez pas perçue. Elle vous éclairera plus encore sur d'éventuels dérapages du mode de management.

Basez vos systèmes de promotion exclusivement sur le mérite

Pendant très longtemps - c'est en train de changer, heureusement - l'administration française, avec le soutien inconditionnel des syndicats, faisait progresser ses fonctionnaires exclusivement à l'ancienneté, que ce soit en termes de salaire ou de promotion, engendrant la sclérose que l'on connaît et dont elle ne se relèvera pas avant longtemps malgré de réels progrès. C'est une prime à la paresse et à l'inertie puisqu'il suffit de durer pour réussir son parcours, l'administration ne licenciant jamais. Ce même système, appliqué dans de grandes entreprises privées, au siècle dernier, bien qu'aussi mauvais, avait toutefois pour garde-fou le fait qu'un licenciement était toujours possible et que, pour l'éviter, mieux valait se dépenser un peu. Par ailleurs, la prime à la formation initiale reste la caractéristique des grandes entreprises françaises. Les coteries et les clans formés par les diplômés de Polytechnique, de l'ENA ou encore de l'Inspection des finances restent, pour les étrangers commerçant avec des entreprises dont les états-majors en regorgent à foison, une énigme permanente. Mais, au-delà de ces grands corps, la magie du diplôme, même lointain, agit toujours et beaucoup d'entreprises continuent à préférer des candidats titrés quand arrive l'heure des promotions.

Edmond Maire, Secrétaire Général de la CFDT de 1973 à 1988, aimait à raconter comment il avait démarré son parcours de militant : *Après quelques années de travail comme technicien dans une grande entreprise chimique, un poste de chef de service se libéra, qui correspondait parfaitement à ses aptitudes, ce qui le décida à s'y porter candidat. La hiérarchie lui préféra cependant un homme plus jeune, moins qualifié, mais ingénieur chimiste. C'est alors que, déçu, Edmond Maire se lança dans le militantisme syndical avec le succès que l'on connaît. N'ayant pas pu satisfaire sa soif de promotion sociale dans l'entreprise, il le fit au sein d'un syndicat. L'entreprise avait bêtement perdu un leader potentiel, la CFDT en avait gagné un, et de quelle trempe ; à quoi tiennent les choses...*

Tout système de rémunération et de promotion doit être basé sur, d'une part, le mérite et les résultats et d'autre part, sur la capacité supposée de chaque individu de servir l'entreprise pour le mieux dans l'avenir. On ne peut pas déroger à cette règle.

Ah ! les syndicats français

André Comte-Sponville, soutient, pourquoi pas, que « *l'entreprise est et sera toujours un lieu conflictuel. Mais le conflit est salutaire : c'est justement parce que les différents acteurs de l'entreprise n'ont pas les mêmes intérêts qu'ils sont obligés de trouver un compromis acceptable. Etre en désaccord oblige à devenir intelligent* ».

Peut-être par manque de moyens, mais plus sûrement pour maintenir la discipline de mots d'ordre d'un autre temps, les délégués syndicaux dans les entreprises françaises sont maintenus dans un obscurantisme économique atterrant. C'est d'autant plus gênant pour l'entretien des relations sociales codifiées par la Loi que, même dans les entreprises dont les employés ne cotisent pas, le privilège du premier tour syndical à l'élection du comité d'entreprise et des délégués du personnel et la nomination imposée par la fédération départementale du délégué syndical, vous amènent à négocier avec des gens qui ne représentent qu'eux-mêmes ou le syndicat dont ils sont militants. C'est comme cela, en France, et ce n'est pas près de changer.

Vous veillerez à scrupuleusement suivre les formes dans vos rapports avec eux. Ils connaissent la loi mieux que vous car, s'ils ne sont pas formés à l'économie d'entreprise, ils le sont parfaitement pour tout ce qui concerne l'exercice de leurs droits. Vous pouvez compter sur eux, dans le déroulé d'un plan de sauvegarde de l'emploi, si vous deviez y recourir, pour vous faire trébucher à toutes les étapes. Chaque faux-pas vous coûtera cher.

Nous l'avons déjà évoqué, pour faire en sorte que des rapports, par nature conflictuels, puissent déboucher sur des solutions :

- Communiquez, communiquez, communiquez … aux élus du personnel et au personnel. Mettez tous les problèmes sur la table ; ne cachez rien.
- Ne refusez jamais un contact. Acceptez de perdre du temps s'il le faut, mais maintenez toujours le fil.
- Maîtrisez parfaitement vos dossiers sinon vous serez déstabilisé par vos interlocuteurs ; ils ont été formés pour cela.
- Ayez toujours un plan B en tête. Votre problème n'est pas d'avoir raison mais de faire avancer l'entreprise.
- Prenez votre parti du fait que le premier round de négociation est toujours dur et inacceptable de part et d'autre. N'ayez donc pas de complexe à exagérer vos prétentions.
- Ne cherchez pas d'autres arguments que ceux que vous avez déjà avancés. Vous risqueriez de donner prise à des contre-arguments inattendus. Rabâchez ceux qui vous ont servi au départ et écoutez.
- Au moment du compromis, ne cédez rien sans contrepartie. La moindre concession doit faire l'objet d'un échange.

- Ne perdez jamais votre calme et restez patient, quelle que soit l'attitude de vos interlocuteurs. L'émotion pourrait vous fragiliser.
- Ne vous montrez jamais satisfait ; laissez à vos interlocuteurs l'impression d'avoir gagné. Ce qui vous intéresse c'est la réussite, pas la satisfaction de votre orgueil.

Il vous faudra aussi rédiger ou corriger le fameux " règlement intérieur ". Une seule recommandation : conformément à votre politique de relations détendues, n'en faites pas un code pour criminels en liberté : 95 pour cent de votre effectif est honnête, loyal et dévoué. Ecrivez vos exigences clairement mais sans qu'elles soient exagérément pointilleuses et évitez tout caporalisme.

La relation que vous entretenez avec le comité d'entreprise et les délégués syndicaux, ainsi qu'avec vos collaborateurs directs et ceux que vous rencontrez régulièrement, ne vous permet pas forcément de vous faire une idée totalement objective de l'opinion du personnel.

Faites régulièrement, une fois par an, une enquête anonyme auprès des membres de votre personnel sur leur état d'esprit du moment, leurs attentes et leurs interrogations. Vous y trouverez des informations précieuses qui vous aideront à mieux encore les connaître.

Marion Perroud, journaliste à « chefdentreprise.com » à récemment publié un article qui résume assez bien quel comportement est souhaitable dans la relation entre partenaires sociaux.

Entre les obligations légales et les revendications des représentants du personnel, la formalisation du dialogue social dans l'entreprise peut vite tourner au casse-tête pour le dirigeant. Voici un tour d'horizon des erreurs à éviter.

1. **Confondre bonne entente et dialogue social**

   Le dialogue social dans votre entreprise, est déjà une réalité ? Vous échangez quotidiennement avec vos salariés et, en cas de besoin, la porte de votre bureau est toujours ouverte ?

   Si communiquer régulièrement avec vos équipes est la base d'une relation de confiance, cela ne signifie pas pour autant que vous pratiquez un dialogue social constructif. Soigner le dialogue dans sa société, c'est formaliser des moments d'échanges entre les différentes parties prenantes de l'entreprise (actionnaires, équipe dirigeante, salariés et/ou leurs représentants) et trouver un consensus sur des règles d'organisation communes satisfaisantes pour tous. N'en faites pas un dialogue de façade car vous courrez le risque d'une détérioration de la situation, voire l'obligation de gérer en urgence des crises internes (par exemple, une altercation entre collaborateurs, le remplacement de personnes en arrêt maladie, une grève...).

2. **Considérer le dialogue social comme une obligation supplémentaire**

   À partir de 11 salariés, vous devez vous plier à un certain nombre d'obligations légales pour structurer le dialogue social dans votre entreprise (organisation des élections des représentants, convocation à des réunions mensuelles, mise à disposition d'un local...). Considérer ces règles à travers le seul prisme de la contrainte administrative serait une erreur. Associer bien en amont les représentants du personnel à certaines décisions, comme la réorganisation d'un service, la prévention des risques ou encore la simplification de processus, vous permet de prendre de la hauteur. Vous pouvez tirer des bénéfices d'une forme d'intelligence collective où chacune des parties apporte son expertise. Vos décisions s'en trouvent mieux éclairées.

3. Nier les problèmes

Comme toute organisation humaine, votre entreprise est imparfaite. Il est normal que les salariés, par l'intermédiaire de leurs représentants, alertent sur des dysfonctionnements internes que vous n'avez pas nécessairement anticipés (par exemple, la dégradation des conditions de travail à la suite de départs non remplacés, des pannes de machines récurrentes qui désorganisent un pôle...). Cela ne signifie pas pour autant qu'ils remettent votre autorité en question. Nier le problème ou faire la sourde oreille ne fera que détériorer la situation. Montrez-vous toujours prêt à négocier, mais ne négociez jamais sans être prêt. Établissez vos priorités, définissez vos points d'abandon, et donnez-vous un objectif : que l'accord soit jugé satisfaisant par tous. Quelquefois, il suffit de requalifier les problèmes entre ce qui est revendiqué (augmentations...) et l'enjeu de fond (demande de reconnaissance, désorganisation...). Menez l'enquête : un train en cache souvent un autre.

4. Vouloir régler de front tous les blocages

Chercher à régler tous les problèmes en même temps n'est pas non plus la solution. Fixez les chantiers sociaux prioritaires pour l'année (le roulement des équipes de nuit, la transmission des savoir-faire techniques, le processus d'intégration de nouveaux collaborateurs...). Il est primordial de s'entendre dès le départ sur le cadre dans lequel s'inscrit chaque chantier et de définir le rôle et les missions de chacun. Allez-vous seulement consulter les représentants du personnel sur une décision, co-construire un projet ou négocier un compromis sur un point précis? Il s'agit de choisir quelle langue on parle, avec qui (syndicats, délégués du personnel, comité d'entreprise), comment et dans quel objectif.

5. Traiter les représentants du personnel comme des adversaires

Si les représentants du personnel défendent des intérêts pouvant diverger des vôtres, vous partagez avec eux un but commun: pérenniser l'activité de l'entreprise. Dialoguer avec eux, c'est commencer par les écouter, prendre au sérieux leur point de vue, répondre à leurs interrogations, voire à leurs inquiétudes. Autrement dit, le respect est la clé.
En les traitant comme de véritables partenaires de travail et non des adversaires, ils se montreront plus enclins à faire des compromis, puis à convaincre les équipes de vous suivre. Afin d'éviter toute crispation sur des sujets potentiellement sensibles, prenez l'habitude de les consulter en amont. Si vous les mettez systématiquement devant le fait accompli, ils risquent de radicaliser leurs revendications pour légitimer leur rôle auprès des autres salariés.

6. Limiter le dialogue social aux représentants du personnel

Si les délégués du personnel représentent des interlocuteurs privilégiés, ne vous reposez pas uniquement sur eux pour communiquer avec vos équipes. Réunion de présentation de la stratégie à tous les salariés, points réguliers avec les chefs de service, boîte à idées... Ne

négligez pas les autres voies d'échanges avec vos collaborateurs.
Ne sous-estimez pas non plus le rôle fondamental des managers intermédiaires. Fers de lance de votre stratégie, ils sont en prise directe avec le terrain. Et les salariés ont souvent le réflexe de se tourner vers eux pour signifier un problème. N'hésitez pas à former vos managers sur la place centrale qu'ils occupent dans le dialogue social.

7. Rompre la discussion

Quoi qu'il arrive lors d'une négociation, gardez en tête que la pire des options reste la rupture unilatérale du dialogue. Si le ton monte, baissez la voix. Si les représentants du personnel sont hors d'eux, suspendez la séance, offrez-leur des rafraîchissements, allez faire un tour avec eux et votre assistant(e).
Il est inutile de vouloir régler un conflit trop rapidement. Parfois, il est nécessaire que chaque partie prenne le temps de mûrir sa position pour la relativiser et l'adapter. Enfin, si vous ne parvenez à aucun accord satisfaisant, il vous reste toujours la voie de la médiation extérieure paritaire qui peut vous aider à trouver une sortie de crise. La raison du plus fort n'est pas toujours la meilleure.

CHAPITRE 6

AU CŒUR DU PROGRES: PRODUITS ET SERVICES

A part dans les grandes entreprises où il existe encore des services de recherche-développement – mais pour combien de temps ? –, l'existence d'une direction affectée à cette activité est superfétatoire, voire nuisible, dans beaucoup de PME et d'ETI.

Aujourd'hui, seules les petites équipes savent, facilement, émettre de nouvelles idées, innovantes et créatrices. C'est la façon de les transformer en réalités qui devient le vrai défi, surtout pour ce qui concerne les processus et les capacités techniques car c'est souvent à ce niveau que va émerger la différenciation compétitive, surtout pour les innovations de rupture.

Comme il n'est pas possible d'innover sans être prêt à échouer et à déplaire, la création, l'innovation, l'amélioration et le développement de l'offre d'une entreprise doivent toujours, à l'origine, être portés par l'entrepreneur lui-même, puis par les membres de son équipe de direction. A l'instar des relations humaines, la création, le renouvellement et le développement de l'offre de l'entreprise est l'affaire de tous, au sein de l'entreprise, dans un modèle de management entrepreneurial orienté vers la satisfaction du client.

L'exécution et la mise en œuvre des idées et des projets doivent être ensuite confiées à des collaborateurs désignés à cet effet, au sein de groupes de progrès stratégiques constitués ad hoc ou encore à des partenaires extérieurs disposant de la compétence technique requise, permettant de réaliser le prototypage.

Parce qu'on ne peut pas spéculer que sur le génie d'un homme pour assurer l'avenir – il n'y en a pas qui ne soit faillible – le processus de création doit être organisé autour de l'attente du client afin de lui apporter la réponse juste. Il est vrai que le client n'a pas toujours les bonnes réponses. Les grandes inventions, dans l'histoire, ne sont, en effet, pas dues à une demande particulière du public, mais au travail acharné de chercheurs qui ont apporté des réponses radicalement nouvelles à des questions qu'ils se posaient eux-mêmes. Steve Jobs était de cet avis, lui qui professait qu'on pouvait changer les habitudes de consommation par des produits de rupture et en avait apporté la démonstration magistrale avec la création de l'iPad qui ne correspondait à aucune attente et dont la presse spécialisée avait prédit l'échec. Ce qui n'empêche pas qu'une innovation doit trouver son public pour pouvoir être financée. Il faut donc lui faire faire des allers-retours réguliers avec les clients potentiels pour en valider le modèle économique.

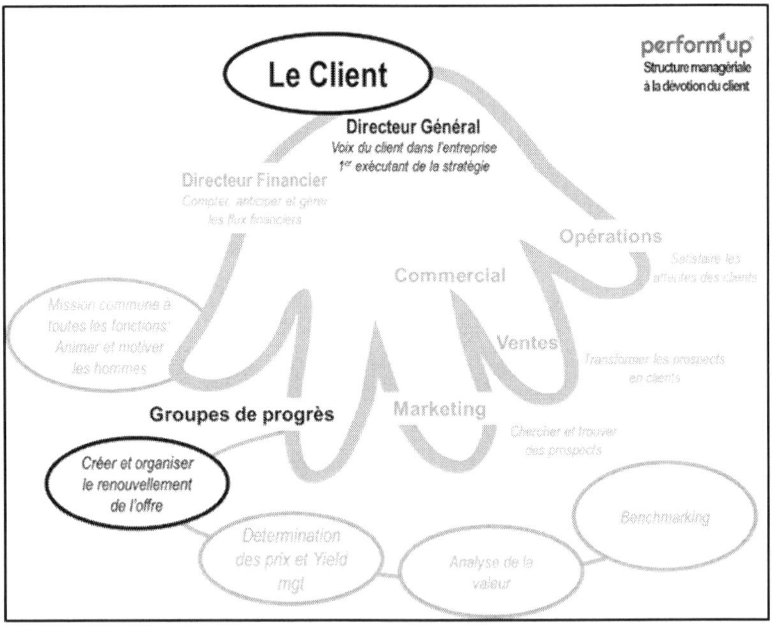

L'idée originelle du produit/service sur laquelle est fondée l'entreprise, si elle a germé dans l'esprit du dirigeant et de son équipe devra donc être longuement testée auprès des clients avant d'être mise en œuvre afin de pouvoir déterminer quelles sont les vraies propositions de valeur.

L'amélioration de l'existant suit les mêmes règles. Il s'y rajoute toutefois les contraintes supplémentaires propres à l'existant.

L'innovation, la recherche-développement, la création de nouveaux produits ou de nouveaux services doit être positionnée comme une fonction transversale qui, au même titre que les relations humaines et les autres groupes de progrès stratégiques, participe de toutes les responsabilités exécutives et s'articule autour de thèmes précis. Dans notre système d'organisation, sa place se trouve donc parmi les groupes de progrès stratégiques.

Comme à toutes les étapes de la méthode **perform'up**®, commençons par les hommes.

Les spécialistes produit/service dans l'organisation

La création, l'amélioration et le développement du programme produit/service est l'œuvre collective de l'entreprise. Comme une entreprise n'a pour raison d'être que la satisfaction de ses clients, c'est évidemment autour de son offre qu'elle s'organise, toute entière.

C'est pourquoi le groupe de progrès stratégique transversal en charge du développement doit dépendre directement du chef d'entreprise. Il s'appuie naturellement sur les ressources internes liées au client au sein des services marketing et ventes ainsi qu'à celles liées aux processus technologiques, techniques et logistiques au sein des services opérationnels.

Il est, en effet, aujourd'hui prouvé que les managers spécialisés dans l'exécution de stratégies clairement définies, ne sont pas armés pour réfléchir de manière innovante. C'est la raison pour laquelle un service autonome de recherche-développement a tendance à se bureaucratiser rapidement.

Il est préférable de mettre en place une organisation floue, aux contours et aux limites mal définies dans laquelle les membres peuvent laisser s'épanouir leur créativité. Cette organisation doit être supervisée directement par le dirigeant - qui n'a ni le temps ni l'envie d'y jouer les autocrates - et suivie avec attention par les autres directions de l'entreprise, charge à la direction financière d'évaluer en permanence et avec minutie les coûts et le BFR engagés.

La qualité des travaux d'innovation dépend, pour l'essentiel, de la clarté de la vision. Si une équipe pose la question : « peut-on aller dans cette direction » ? c'est que la vision n'est pas clairement exprimée. Si elle répond d'elle-même : « non, on ne peut pas », c'est que la culture d'entreprise n'admet pas les échecs. Si enfin, elle se réfère à un système d'autorisations, c'est que l'organisation est rigide et impose à tout projet de se soumettre à trop d'influences. D'où la nécessité absolue de faire dépendre l'innovation et le développement de l'offre directement du chef d'entreprise lui-même. *L'histoire Kodak illustre parfaitement ce point. Tout le monde sait que cette entreprise a fait faillite parce qu'elle n'a pas su adapter son modèle économique à l'arrivée de la photographie numérique. Ce que l'on sait moins, c'est que Kodak a tenté de pallier à son absence de réaction interne et à son incapacité à se réformer pour entrer dans la compétition du numérique en achetant des start-up du secteur. Mais usant avec elles de procédures bureaucratiques lourdes, tout ce que Kodak a réussi a été de tuer ces start-up.*

Les grandes questions qui président au développement d'une offre produit/service sont :

- Quel en est le concept ?
- Quelles en sont les caractéristiques ?
- Quels arguments sont pertinents ?
- Est-elle réalisable et compatible avec les moyens de l'entreprise ?
- Quel est le niveau des investigations techniques nécessaires ?
- Qui sont les clients et comment les trouver ?
- Veut-on créer un nouveau produit sur un nouveau marché, ou
- Un nouveau produit sur un marché existant, ce qui exige de re-segmenter le marché :
  - En tant que nouvel entrant pratiquant des prix bas ou
  - En tant que nouvel entrant sur une niche.

L'une des grandes évolutions constatée du fait de l'éclosion des start up et de leur besoin de financement avant la mise en œuvre du modèle économique est qu'une création ou un développement produit/service ne se fait plus en vase clos, au sein d'un département Recherche & Développement qui sort de sa poche, au moment qu'il juge bon, le dernière-merveille-technologique-que-le-monde-entier-s'arrachera. Il se fait désormais sous le contrôle continu du client qu'on consulte à chacune des étapes de l'évolution pour vérifier de façon systématique la consistance et la pertinence du modèle économique.

Dans leur livre « Le manuel du créateur de start up », Steve Blanck et Bob Dorf, les auteurs, énumèrent 9 péchés capitaux dans la démarche de lancement des offres des start up. Nous en avons distingué 6 qui s'appliquent aussi parfaitement aux lancements de nouveaux produits dans les PME et ETI y compris celles qui ont depuis longtemps atteint leur stade de maturité.

1. **Supposer savoir ce que le client veut**

Ne vous enfermez pas dans la conviction que vous savez ce que veulent les clients. Ce que vous pensez n'est qu'une hypothèse parmi d'autres. Elle sera infirmée ou confirmée une fois que vous aurez soumis votre offre, même imparfaite, à ceux à qui elle est destinée.

2. **Etre certain des caractéristiques à mettre au point**

Personne ne peut prédire ce qui plaira au client si on ne lui pose pas la question. Il serait quand même dommage de laisser un produit/service arriver au stade de son lancement pour se rendre compte que ses caractéristiques ne conviennent pas à la cible qu'on visait.

3. **Trop se concentrer sur la date du lancement**

L'important, quand il sort, est que le produit/service corresponde en tous points aux désirs qu'aura exprimés le client au fil des questions qui lui ont été posées. Précipiter la sortie d'un produit/service au nom d'un planning « idéal » en termes de communication est tentant mais peut avoir des conséquences désastreuses. S'il est mal fini ou pas tout à fait conforme, eu égard à la demande exprimée, l'échec qui s'en suivra est même de nature à remettre en cause sa pérennité.

4. **Mettre l'accent sur l'exécution,**

Il n'est pas recommandé de sauter les hypothèses, la phase de test, l'écoute du client, l'itération. Bien sûr, il faut toujours aller le plus vite possible. La vitesse est d'ailleurs l'un des arguments forts des PME. Mais brûler les étapes ne permet pas d'accélérer le processus de lancement d'un produit car c'est la capacité d'une entreprise à tirer des enseignements de ses erreurs au cours de la phase d'interactivité avec le client qui lui permet de réussir ses lancements. C'est l'un des cas où il vaut mieux être consistant que pressé. Plutôt tortue que lièvre, pour une fois.

5. Penser que l'exécution du lancement sera linéaire

Voilà un des points qui surprennent toujours dans la construction des projets, quels qu'ils soient. On ne laisse pas de place à l'aléa, aux erreurs, aux essais ratés. Tout se passe comme si on allait à la victoire en ordre de bataille, sans défaillance possible. Or l'accueil d'un nouveau produit/service ne se passe pas de façon binaire : oui ou non. Un lancement donne lieu à des « stop and go » réguliers qui sont le résultat des tâtonnements des chefs de produits ou des ingénieurs dans la réponse à apporter aux exigences des clients tout au long du déroulé de la création d'un produit.

6. Définir de façon traditionnelle le contenu des fonctions

Les tâches d'un chef de produit ou d'un groupe de progrès stratégique tiennent encore moins dans les petites cases d'un organigramme que les autres. C'est en électrons libres qu'ils doivent travailler, hors hiérarchie, sous la protection du chef d'entreprise. Ils doivent, eux-mêmes, se considérer comme des entrepreneurs. Ils créent, ils développent, ils fabriquent le futur de leur entreprise. C'est pourquoi le soutien des autres services de l'entreprise ne doit pas leur être marchandé, d'autant plus que, soumettant chacun des stades d'évolution du nouveau produit/service au jugement du client, ils ne lui font courir que des risques limités.

L'innovation, un processus créatif mais concret

« *Des chercheurs qui cherchent, on en trouve, mais des chercheurs qui trouvent, on en cherche* » disait, paraît-il, le Général De Gaulle.

En effet, si la place faite aux créateurs doit être spacieuse et aux frontières floues, ils n'en sont pas moins chargés d'une mission capitale : le futur de l'entreprise. Votre rôle, en tant que dirigeant sera donc de les stimuler et de faire en sorte que rêve et réalité se conjuguent parfaitement. Vous les inciterez à :

- Sortir des clichés et des sentiers battus. Exigez de nouvelles idées pour échapper aux vieilles. Encouragez la réflexion à contresens, faites des séances de brainstorming. Brisez les routines, mettez les hypothèses au défi.
- Trouver de nouveaux points d'entrée, en sautant à des idées originales juste pour voir ce que cela donne, en jouant sur des alternatives, en revenant au point de départ : la première idée était peut-être la bonne.
- Rester intransigeant sur la fonctionnalité ; c'est elle qui, en définitive, intéresse le client. L'extraordinaire succès des produits électroniques personnels et le rythme rapide de leur renouvellement en font la démonstration tous les jours.
- Assimiler les nouvelles technologies de l'information qui permettent de communiquer en temps réel avec la clientèle.

- Intégrer les clients au processus de conception des produits et des services.

Il existe aujourd'hui un grand nombre d'entreprises qui se créent en rupture totale avec les rentes de situation existantes. On les appelle les nouveaux barbares parce que comme eux, face à la Rome du premier millénaire, ils piétinent l'ordre établi, sans aucune considération pour les situations acquises. Les plus emblématiques sont Airbnb, qui révolutionne l'hôtellerie, Uber, le secteur des taxis et Blablacar, le transport mutualisé de personnes sur moyenne et longue distance. Mais n'oublions pas, avant eux, Apple et Google qui élargissent de plus en plus leurs offres, piétinant allègrement des secteurs auparavant stables et lisibles. Ces nouveaux barbares ont, de plus, le monde pour jardin. Leur modèle économique n'a de sens que s'il peut être dupliqué partout en même temps.

D'autres pénètrent des secteurs qui étaient parfaitement verrouillés. C'est le cas de Tesla, constructeur de voitures électriques conduit par un entrepreneur mythique, Elon Musk, à qui sa réussite passée avec Paypal a donné les moyens de ses ambitions. Compte tenu des investissements colossaux exigés par le secteur de l'automobile, des réseaux et des infrastructures en place, jamais personne n'aurait du pouvoir pénétrer ce secteur réservé aux mastodontes du secteur. A la surprise générale, Tesla Motors s'installe dans le monde entier, construit même des infrastructures pour soutenir son modèle et grandit.

10 techniques éprouvées pour stimuler l'imagination

1. Rompre avec la routine et susciter de nouvelles manières de réfléchir.
2. Se mettre à la place des clients et tester ses propres produits.

3. S'inspirer des recettes qui ont fait leurs preuves chez les autres.
4. Persévérer, la première idée était, peut-être, la bonne.
5. Changer de point de vue et laisser parler son imagination.
6. Ne pas s'autocensurer et oser se montrer déraisonnable.
7. Garder sa curiosité en éveil sans négliger les détails du quotidien.
8. Transformer les contraintes en opportunités.
9. Savoir relâcher la pression quand on bloque sur un problème.
10. Alimenter son cerveau par une bonne hygiène de vie.

Faites des propositions de valeurs

Gardez toujours à l'esprit l'origine et la raison de vos travaux de développement ou de remplacement de l'offre :

- Quelle valeur apportons-nous au client ?
- Quels problèmes contribuons-nous à résoudre ?
- Quelles combinaisons de produits et de services proposons-nous à chaque segment de client ?

Intégrez l'innovation technologique

Au-delà des produits/services eux-mêmes, il convient de ne surtout pas négliger matériaux et processus. La créativité de l'entreprise doit permettre de régulièrement proposer des innovations, sans pour autant négliger les rénovations au moins aussi importantes. Mais vous serrez un adepte appliqué de la tactique des dominos : pour aller dans l'inconnu, on part toujours du connu. Dans le processus de lancement des nouveaux produits ou des nouveaux services, la contribution de l'innovation technologique devra être précisément évaluée :

- Savoir d'abord chiffrer précisément tout nouveau développement

- Etre en mesure d'innover en matière de processus, condition indispensable pour innover en matière de produits. On constate ainsi aux Etats-Unis, une inflation des dépôts de brevets sur processus de production. Ils se révèlent souvent plus efficaces contre les imitateurs que la seule protection du produit.
- Se maintenir à un niveau de connaissance exhaustif quant aux matériaux employables ou potentiellement employables.
- Etre capable de matérialiser rapidement un simple projet en un produit générateur de chiffre d'affaires.
- Développer des méthodes de fabrication internes et externes qui minimisent l'investissement initial mais dégagent une forte productivité dès le début de la phase de commercialisation.
- Observer attentivement l'arrivée de nouvelles technologies qui peuvent modifier le modèle économique de l'entreprise à son bénéfice. *Un exemple frappant est celui de Rolls Royce, fabriquant de moteur d'avion qui étaient jusqu'ici vendus aux compagnies aériennes. Ayant assimilé, au milieu des années 2000, une nouvelle technologie de nouveaux capteurs et de gestion des données, le motoriste s'est transformé en loueur d'heures de vol de ses moteurs. Il garde leur propriété, sait identifier assez tôt les problèmes grâce à ses capteurs, assure la maintenance et les réparations en optimisant les calendriers tout en améliorant la conception des moteurs et la gestion des pièces de rechange. Il dispose, de plus, d'une information fiable sur l'efficacité des vols. Quant aux compagnies aériennes, elles ont transformé une partie de leurs investissements en frais variables. Et la rentabilité de Rolls Royce a explosé.*

La maîtrise de ces éléments, quelle que soit la politique d'intégration de l'entreprise permet de maintenir intacte la connaissance exhaustive du cycle de développement des produits ; c'est un avantage concurrentiel indéniable.

Respectez un tableau de marche cohérent

1. Analyse de l'existant

- Innover, c'est aussi analyser l'existant. Rappelez-vous qu'on ne trouve sur le marché que ce qu'on y a mis : quand on constate qu'il n'y a pas de marché, cela veut généralement dire qu'on s'accroche à l'analyse du marché existant alors qu'il faut savoir être un ouvreur de marché.
  Mais sachez aussi exploiter les capacités et les atouts qui vous distinguent déjà pour pénétrer de nouveaux marchés ou secteurs. En suivant les « mégatendances » jusqu'à leur conclusion logique, des opportunités de nouvelle activités ou de nouveaux produits apparaissent.
- Maniez avec prudence la règle des 80/20. Ne vous arrêtez pas aux 20 pour cent des clients ou des produits qui font 80 pour cent du chiffre d'affaires sans avoir soigneusement vérifié que la clé du développement ne se trouve pas dans les 80 pour cent restants. Mais gardez tout de même présent à l'esprit qu'il faut éliminer le foisonnement, porteur de complexité et donc de coûts supplémentaires.
- Ayez les yeux rivés sur vos concurrents ; en alerte permanente, vivez dans la crainte d'être dépassé ; multipliez les sources comparatives – quantitatives et qualitatives -.
- Essayez vous-même tous vos produits.

2. Analyse des remontées terrain

- Par le maintien d'un dialogue continu avec les consommateurs, les prescripteurs, les réseaux de vente, les équipes de vente.
- Par l'analyse systématique de l'offre concurrente (tarifs, documentations, salons, foires) et en s'inspirant de recettes qui ont fait leurs preuves chez les autres.
- Par des échanges de vues réguliers sur ce sujet avec les fournisseurs
- En guettant l'arrivée sur le marché de nouveaux matériaux
- En utilisant au mieux les données et les outils d'analyse dont vous disposez pour créer encore plus de valeur pour le client, parfois tout simplement en améliorant l'activité existante.
- En captant l'imagination de ceux qui savent rêver.

3. Evaluation préliminaire du marché

C'est par les allers retours avec les clients qu'on pourra très simplement mesurer le marché probable car, une fois ceux-ci connus et identifiés, il suffit d'en mesurer la population.

4. Prototypage

- On trouvera le bon positionnement du produit/service une fois les caractéristiques définies par les clients potentiels. Aujourd'hui, il est impossible d'imposer sur le marché un produit qui se contente de ressembler aux autres. Son positionnement doit être à la fois distinctif et attractif. Il faut s'interroger sur le contenu de la proposition, à qui elle s'adresse et pourquoi les clients la préfèreront à d'autres.

- Les leviers d'achats devront être précisément identifiés car les raisons d'acheter peuvent être aussi bien rationnelles que d'ordre émotionnel.
- « How unique is your product » est la première phrase enseignée dans toutes les grandes écoles de management américaines parce qu'elle est la base de toute entreprise. Elle s'accompagne généralement aujourd'hui d'une notion plus d'actualité : la « unique selling proposition ». Vous devrez lister les points forts de votre nouveau produit/service, ceux qui vous distinguent de vos concurrents. Vous devrez trouver un ou deux avantages uniques : un prix avantageux, un résultat, une facilité, un design, une solidité…
- Surtout, ne négligez pas le design, qu'il s'agisse d'un produit « brick and mortar » ou de l'esthétique de l'écran d'une application. *« La laideur se vend mal »* disait Raymond Loewy, l'un des plus grands designers du siècle dernier. Il n'est point besoin de s'appeler Apple pour faire de beaux produits/services car face au low cost, le design est une différenciation compétitive de taille.

Les ouvrages expliquant comment stimuler l'innovation en entreprise, sont si nombreux qu'ils constituent, quasiment, une catégorie à part dans les ouvrages de management. « La bonne idée existe ! Cinq étapes essentielles pour la trouver », rédigé par deux experts du Boston Consulting Group, se distingue par son pragmatisme et sa volonté de donner une méthode claire et facilement applicable dans tout type d'organisation. Luc de Brabandere et Alan Iny partent du postulat que si les entreprises ne parviennent pas à innover correctement, ce n'est pas parce qu'elles manquent d'idées neuves, mais parce qu'elles ne savent pas les reconnaître et en tirer tout le potentiel. Par conséquent, les managers ne doivent pas seulement s'efforcer de penser *« en dehors des cadres »* d'analyse habituels mais aller jusqu'à *« construire de nouveaux cadres* » – ce qu'exprime mieux le titre original du livre, « Thinking in new boxes ». Leur processus en cinq étapes, qui repose en grande partie sur le doute, doit les aider à y parvenir.

1. **Douter**

   L'ambition initiale de Google était de construire le meilleur moteur de recherche jamais conçu et l'objectif a été atteint. Mais pour entrer dans une nouvelle ère de croissance, les dirigeants ont dû percevoir différemment leur entreprise. Il s'agissait désormais de "tout savoir" - et cette nouvelle optique a donné naissance à des projets comme Google Earth, Google Book Search et Google Labs.

2. **Explorer**

   La réflexion prospective peut aider les décideurs à répondre à des questions clefs, comme : "Que pourrait-il bien se passer ?"et "Que pouvons-nous y faire ?".

3. **Diverger**

   Pendant la phase de divergence, aucune idée, si idiote ou inappropriée qu'elle puisse paraître – ne doit être rejetée d'emblée.

4. **Converger**

   Certaines contraintes, c'est une réalité objective, ne peuvent être violées sans causer un préjudice à l'entreprise, son personnel et ses clients ; d'autres ne peuvent être ignorées car cela rendrait impossible la réalisation des idées envisagées.

5. Réévaluer

Il faut réévaluer constamment et soigneusement ses modèles mentaux afin de se préparer le mieux possible aux incertitudes de l'avenir et au flux inexorable du changement. Cette discipline permet de ne pas s'y accrocher trop longtemps sans pour autant les abandonner prématurément.

CHAPITRE 7

UN SYSTEME COMMERCIAL PERCUTANT

Au sein des activités commerciales de l'entreprise, nous distinguerons le « marketing » de la « vente » par ces définitions simples et très concrètes :

- Le marketing est la somme des techniques qui permet d'identifier des prospects susceptibles de devenir des clients,

- La vente est la somme des techniques qui permet de transformer un maximum de prospects en clients.

Toutefois, dans le modèle économique « tout internet », cette distinction tend à s'effacer derrière une notion plus globale de « pull » qui concentre les techniques destinées à attirer les clients vers le produit, à le conduire à acheter de sa propre initiative et de « push » qui, dans le modèle économique classique, est l'action qui concentre les techniques destinées à pousser le produit vers le client par l'intermédiaire de réseaux de vente et de distribution et/ou au travers d'équipes de ventes internes ou contractualisées.

Nous distinguerons parmi les entreprises celles qui ont un modèle économique entièrement conçu pour et par le web, de celles qui unissent web et vente traditionnelle. Dans les premières, la vente fait partie intégrante du marketing, on parle alors de marketing direct ; dans les secondes, elle fait l'objet d'une action autonome, prolongement nécessaire du marketing, sur le terrain.

La raison d'être d'une entreprise, nous ne cessons de le répéter, est sa clientèle. Elle ne peut progresser qu'en multipliant le nombre de ses clients ou en vendant plus de produits/services à sa clientèle existante.

MARKETING

Vague mot qui fait l'objet de multiples définitions - et parfois de controverses - sur les champs qu'il recouvre, convenons ici qu'il est l'**art de faire découvrir les produits de l'entreprise à ses clients potentiels et de capter leur attention pour les identifier.**

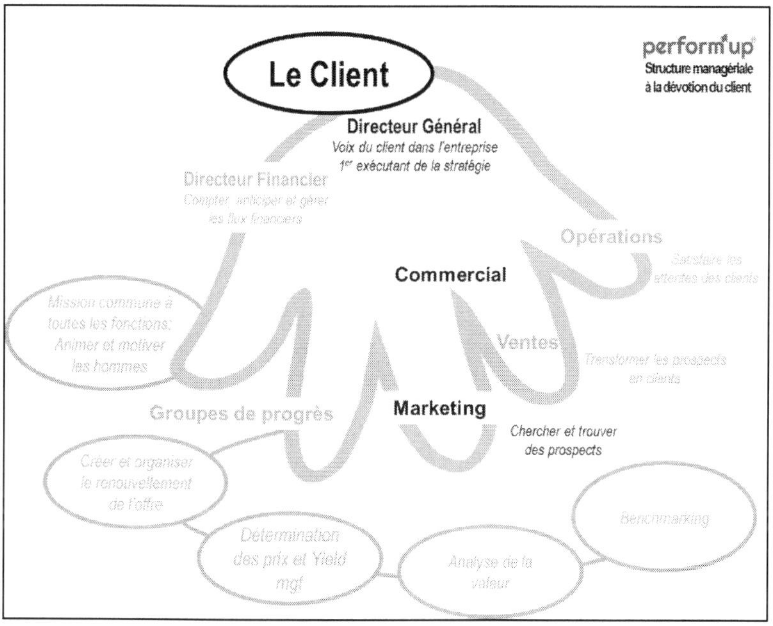

Le marketing est tout

Pour réussir vous devez attirer des clients, pas simplement des clients occasionnels mais des clients qui continueront à acheter vos produits/services de façon régulière et pour longtemps.

Ce sont les clients qui vous permettent de créer votre entreprise et de la maintenir en vie. Ce sont eux qui, s'ils l'abandonnent, la conduiront à la faillite.

Vous ne pouvez pas prétendre être un entrepreneur si vous n'avez pas, d'abord, des clients. Vous pouvez, bien sûr, vous inscrire au registre du commerce, louer des ateliers et des bureaux, acheter des machines, développer des produits et monter une enseigne mais jusqu'à ce que vous fassiez vos premières ventes, il ne s'agit pas d'une entreprise mais d'une somme de dépenses.

Il est rare qu'une entreprise fasse faillite alors qu'elle bénéficie d'un courant régulier de clients disposés à dépenser de l'argent en contrepartie de ses produits ou de ses services.

Les entreprises qui mettent en œuvre des systèmes efficaces pour attirer des clients réguliers sont naturellement celles qui réussissent sur le long terme.

Les clients sont l'actif le plus important de toutes les entreprises. Ce sont les comptes clients qui font sa valeur, rien d'autre.

Une clientèle se traduit par du chiffre d'affaires et des bénéfices. C'est le flux sanguin qui irrigue toute entreprise, grande ou petite. C'est pourquoi vous, entrepreneur ou chef d'entreprise, devez-vous focaliser sur la construction et l'entretien de votre portefeuille clients. Il maintiendra la cohérence de votre entreprise, vous procurera un revenu et vous permettra de croître avec constance pour améliorer vos résultats.

Acquérir de nouveaux clients, puis les garder à vie doit être une obsession. Dans l'idéal cela signifie leur livrer d'excellents produits/services et nouer des relations commerciales confiantes avec chacun d'eux de façon à ce qu'ils renouvellent leurs achats en permanence et soient heureux de le faire. C'est ainsi, en nouant et en maintenant cette relation que vous ferez de vos acheteurs d'un jour des clients de toujours. C'est également ainsi que vous gagnerez aussi de nouveaux acheteurs, grâce à l'efficacité du bouche-à-oreille.

L'entreprise commence seulement avec la première vente. A moins que vous ayez déjà une longue liste de clients lors de votre démarrage, votre engagement premier est de vous focaliser sur votre objectif d'attirer de plus en plus de primo-acheteurs, une obligation permanente, pour en faire des clients fidèles.

Par où commencer dès lors qu'attirer plus de clients est votre but premier ?

Tout simplement par le marketing. C'est le marketing qui va vous apporter les prospects dont vous pourrez faire des clients. Un marketing solide et consistant vous apportera les volumes de vente que vous visez.

Etendue du marketing

C'est, nous l'avons vu, la somme des techniques qui permet d'identifier des prospects susceptibles de devenir des clients ; votre publicité, les newsletters, votre site internet, les mails de prospection, la documentation, les pages jaunes, les bandeaux internet, les Adwords Google, etc… Mais c'est aussi votre image, votre logo, votre enseigne, la tenue de ceux qui vous représentent, bref, votre marque et votre image de marque.

Car chaque salarié en contact direct ou indirect avec le client, chaque rencontre, chaque impression que vous laissez est du marketing. C'est une fonction qui n'a pas de limites. Comme Monsieur Jourdain faisait de la prose, vous faites continuellement du marketing, sans toujours vous en rendre compte. Et chaque facette de ce marketing aide au développement de votre succès ou, au contraire, freine votre croissance et votre rentabilité.

Tout est marketing et….le marketing est la clé de votre succès.

Mais attention ! S'il est un budget qui doit vous rappeler que vos moyens financiers ne sont pas illimités, c'est bien celui-là. Comme la France, lorsqu'elle n'a pas de pétrole, il va vous falloir des idées pour accompagner la maintenance et le lancement des produits, entretenir les marques, motiver canaux de distribution et équipes de ventes. Vous allez devoir vérifier la rentabilité de chaque Euro. Pour commencer, par principe, n'investissez rien sur les produits matures, concentrez toutes vos dépenses sur votre futur et vers les clients.

Aussi, dans la réalisation de votre projet de développement, serez-vous attentif à ce que la mise en œuvre d'une vraie stratégie marketing prenne en compte 4 points fondamentaux :

1. Des produits/services séduisants

C 'est la base de toute entreprise (Cf. Chapitre 6). Si une entreprise n'a pour seul but que la satisfaction de ses clients, elle ne peut, par contre, prospérer que sur une offre qui est la genèse de cette satisfaction.

2. Des prospects

Il vous faut un marché pour vendre. Qui sont vos prospects ? Les avez-vous identifiés précisément ? Sont-ils suffisamment nombreux pour vous permettre une expansion sans limites ?

3. Des médias

Pour atteindre le marché, il faut que vous puissiez lui adresser un message. De quelle façon, par quels canaux et en suivant quelles méthodes ?

4. Un message

Le message est le fond de votre communication avec le marché. Tout ce qui entre dans vos instruments de promotion et de publicité pour convaincre vos prospects d'acheter et de devenir des clients doit y être contenu. Il est directement issu de votre vision.

Ces 4 points fondamentaux sont la clé de votre succès. Représentez-vous votre entreprise comme un pont reposant sur ces 4 colonnes. L'ensemble constitue un bloc solide mais il peut être mis en péril si l'une des colonnes vient à se fragiliser. Au contraire, si les 4 colonnes restent solides, vos chances de succès augmenteront de façon exponentielle.

La meilleure façon de démarrer est donc d'identifier d'abord le marché. Un marché qui «veut» !

Puis, déterminez lequel de ses désirs vos produits exaucent. Et s'il le faut, adaptez-les pour qu'ils collent au plus près de ces désirs.

Ensuite, décidez des médias qui vous conduiront au marché ou au segment de marché que vous aurez ciblé.

Enfin, à partir de votre vision, celle qui vous inspire et vous motive, construisez le message fort que vous voulez lui transmettre.

Pour attirer des primo-clients de façon économique, il faut créer un message attractif, un message qui montre clairement un avantage compétitif déterminant et le transmettre à un public ciblé de la façon la plus efficace et la plus économique.

La valeur inestimable des clients à vie

Les clients sont tout dans votre entreprise. Le degré de succès dont vous bénéficiez est directement lié à votre capacité à attirer en permanence de nouveaux clients tout en conservant ceux déjà acquis et en continuant à leur vendre encore, toujours et encore.

Dans un monde parfait, vous pourriez peut-être avoir la tentation de camper sur vos acquis et ne servir que les clients existants. Mais cette attitude vous empêcherait de croître et vous conduirait naturellement à l'assoupissement.

La seule bonne stratégie consiste donc à faire tous les efforts nécessaires à attirer de nouveaux primo-acheteurs et à stimuler en permanence les ventes à ceux qui sont déjà clients.

Le marketing n'est pas seulement une technique de prospection. Il a aussi pour rôle d'optimiser le courant d'affaires avec la clientèle existante. Car il n'y a que 3 façons de croître :

1. En augmentant le nombre des clients

2. En augmentant la valeur unitaire de ce chaque client achète

3. En augmentant le nombre des achats effectués par client

La vente la plus facile et la plus économique est toujours celle réalisée auprès d'un client existant. Il vous a déjà fait confiance une fois et si vous ne l'avez pas déçu, vous n'avez plus à lui vendre vos mérites face à vos concurrents.

Les clients existants sont donc des prospects à forte probabilité de vente pour vos futurs produits/services.

En effet, entre le client qui vous achète une fois un produit/service à 100 € et celui qui va renouveler son achat, année après année, au fur et à mesure que vous apportez des améliorations à votre offre, il y a une grande différence de valeur. Cette différence est d'autant plus grande qu'un consommateur qui renouvelle son achat en parle autour de lui et recommandera votre offre à quelques autres consommateurs, vous faisant gagner 3 à 5 clients de plus.

C'est pourquoi, pour gagner des clients, il ne faut pas hésiter à accepter d'en payer le prix en consentant une offre de « bienvenue » sur le premier article acheté. *C'est ce que font les clubs de fitness, par exemple, en faisant 50 % sur le premier abonnement ou les clubs du livre en proposant 5 livres pour 5€. Ils ne gagnent rien à la première transaction mais espèrent construire ainsi une relation de long terme qui leur procure un fonds de clientèle.*

C'est la répétition des achats qui fait le succès de la plupart des entreprises. Voilà pourquoi l'intégrité et l'honnêteté dans les affaires est tellement importante.

Etudier attentivement votre historique client sur une longue période vous permettra de déterminer les sommes d'argent que vous êtes capable d'investir pour disposer d'un client fidèle et régulier. Une fois un client acquis, il est beaucoup plus facile de continuer à le servir en communiquant avec lui et en lui faisant des offres régulières.

Créez un système d'entretien de votre relation client

- Mettez en place un système d'information qui vous permet d'annoncer les offres de produits/services nouveaux ou complémentaires qui peuvent intéresser vos clients.
- Utilisez des moyens de communication simples comme les invitations, les cartes postales, les newsletters, les lettres de remerciements et les lettres de vente.
- Maintenez toujours informés prospects et clients de tout changement dans votre offre et dans votre organisation.
- Annoncez-leur en avant-première vos nouveaux produits/services et les améliorations de ceux existants à votre catalogue.
- Maintenez des moyens de communication ouverts et faciles d'accès pour que vos clients puissent, sans trop d'efforts, obtenir que leurs éventuels problèmes soient vite réglés.
- D'une façon générale, faites ce qu'il faut pour rendre heureux vos clients, sans délai.
- Demandez-leur de vous envoyer des prospects ou des consommateurs intéressés à recevoir vos newsletters, échantillons, catalogues.
- Envoyez-leur un rappel avant même qu'il ne soit temps pour eux de renouveler leur produit/service.
- Régulièrement, informez-les de nouveaux « trucs » pour mieux utiliser leur produit/service et leur permettre de le trouver encore plus pratique.

Le meilleur exemple de la considération que doit apporter un fournisseur à son client nous est donné par cet imprimeur, fournisseur historique d'un éditeur et qui, à la suite d'un incident se voit désormais privé de ses commandes alors qu'il représente pour lui un très gros compte. Plutôt que de s'insurger et de tempêter, cet imprimeur, après quelques semaines de réflexion a tout simplement repris contact avec son ancien client pour lui poser cette question élémentaire : que faudrait-il que je fasse pour reconquérir votre clientèle ?

L'autopilotage vers le succès

La route vers le succès, en matière de marketing, consiste à :

1. Détecter des prospects de qualité, en flux continu et de façon économique,

2. Transformer, autant qu'il est possible, ces prospects en clients,

3. S'assurer que votre entreprise donne toute satisfaction dans sa prestation afin qu'ils continuent ou recommencent à acheter vos produits/services,

4. Demander à vos clients de vous recommander auprès de leurs collègues et amis,

5. Revenir au point N°1 et répéter toute la séquence.

Un bon système marketing est un système qui attire continuellement de nouvelles affaires tout en servant de façon satisfaisante les clients existants. Il faut en automatiser le processus afin de le rendre plus facile et plus fiable. Ce n'est pas la peine de perdre son temps et son argent avec des prospects qui ne deviendront jamais vos clients.

Il faut que vous cherchiez à développer vos affaires de la façon la plus efficace. Vous attacherez une importance toute particulière à trouver la formule qui vous permettra d'acquérir de nouveaux clients sur une base régulière et qui pourra être mise en œuvre à chaque fois qu'il faut améliorer la taille du portefeuille clients.

Les quatre prérequis d'un marketing efficace

1. Savoir créer des annonces et des publicités qui attirent l'attention et stimulent le désir,

2. Savoir créer des messages qui surmontent les hésitations des prospects qualifiés intéressés,

3. Disposer d'une méthode qui permet d'accéder aux prospects qui sont de vrais clients potentiels afin de pouvoir permettre à votre offre de leur parvenir,

4. Utiliser la meilleure forme d'accès, le meilleur véhicule pour que votre message parvienne à ceux à qui il est destiné.

Quel que soit votre secteur d'activité, quels que soient vos produits et vos services, c'est votre capacité à attirer un flux consistant de nouveaux clients, particulièrement au début de votre activité, qui va être le point le plus critique vers votre succès futur.

Créez des publicités gagnantes

Vous pouvez être un champion, disposer du meilleur, du moins cher, d'un produit-miracle, d'un service exceptionnel, si vous n'êtes pas en mesure de communiquer sur ces avantages de façon suffisamment convaincante pour que des commandes arrivent, votre succès sera forcément limité.

Tout le monde sait que la moitié des dépenses publicitaires est de l'argent jeté par les fenêtres ; le problème, c'est que personne ne sait laquelle. Il faut donc compter et recompter chaque Euro avant de le dépenser. Définissez bien votre politique de communication pour tenter d'obtenir un meilleur rendement. Si vous utilisez une agence, sélectionnez-la avec soin. Comme il vous faut une réflexion toujours renouvelée, soyez exigeant dans votre choix. Ne prenez pas un artiste. La publicité n'est pas de l'art, elle est faite pour vendre. La valeur d'une annonce dépend beaucoup moins du génie de son auteur que du produit ou du service qu'elle propose. L'art pour l'art fait oublier le client et risque de le conduire à garder beaucoup plus le souvenir de l'image que du produit.

Mesurez aussi l'épaisseur des moquettes de votre agence. Un partenaire qui ne partagerait pas votre frugalité ne saurait convenir à une entreprise en croissance.

Avec votre nouvelle agence, mesurez précisément le coût par cible de chaque action et comparez. Vérifiez les motivations exactes des actions publicitaires engagées auparavant. Quel public a-t-on voulu séduire et quels résultats mesurables a-t-on obtenus.

Avec les résultats de ces analyses, dans le cadre des nouveaux lancements auxquels vous procédez, activez votre politique de communication. Faites mieux avec moins : ciblez exclusivement les médias de meilleur « contact-prix » ; excluez toute forme de publicité institutionnelle sauf si vous êtes une entreprise cotée; privilégiez les périodes creuses dans les médias, c'est moins cher et pas forcément moins bien. Intensifiez les échanges-marchandises.

Il est vrai que la plupart des gens sont submergés par des messages marketing de toute nature. Avec la croissance exponentielle d'internet, ce problème ne fait que croître d'année en année. C'est comme si nous étions bombardés par toutes sortes de sollicitations du matin au réveil jusqu'au soir au coucher.

Le mass-marketing n'est pas forcément fait pour les start-up, les PME ou les ETI. Que Coca-Cola ou IBM s'en servent n'est pas une référence. Les PME n'en ont tout simplement pas les moyens. L'approche intelligente est, en toutes circonstances, de se servir du marketing ciblé qui permet de communiquer sur la différenciation de façon attractive à un coût raisonnable.

Un système efficace et bon marché est souvent meilleur que des campagnes lourdes qui veulent toucher tout le monde. D'abord, tout le monde n'est pas un groupe-cible pour ce que vous proposez. C'est toujours mieux de focaliser votre action sur des groupes de clients spécifiques qui sont plus prometteurs comme clients potentiels.

D'où viennent vos clients actuels ? Quand votre entreprise existe depuis un certain temps, la réponse à cette question vous indique sur quoi vous concentrer. Mais si vous êtes en phase de création, il faut que vous tentiez de détecter les meilleures sources de nouvelles affaires. C'est en cherchant les segments de marchés que vous êtes susceptible de satisfaire que vous trouverez vos premiers clients.

Quand vous savez qui sont vos clients fidèles et vos clients potentiels, il est beaucoup plus facile de concevoir des publicités qui attirent l'attention et génèrent des retours de groupes spécifiques. En identifiant le public qui sera sensible à votre communication, vous saurez comment concevoir et rédiger votre annonce.

Il y a 6 étapes à respecter pour créer une publicité qui marche :

1. **Le message**

   Le message devra être adressé au bon prospect, celui qui y sera sensible,

2. **L'attention et l'intérêt**

   L'attention et l'intérêt doivent être suscités pour que votre message ne soit pas simplement survolé,

3. **L'attraction égotique**

   L'attraction égotique doit provoquer le désir d'accomplir un souhait, avant de satisfaire un besoin. Le cœur avant la tête. Qu'est-ce qui intéresse vos clients ? De quoi ont-ils envie ? Mettez-vous dans leur peau et échangez avec votre entourage pour trouver comment leur parler,

4. **Les avantages**

   Les avantages de vos produits/services sont ensuite à mettre en avant pour susciter chez vos clients le désir de faire un pas de plus vers la commande à vous passer,

5. **La preuve**

   Ce n'est pas suffisant d'argumenter il faut aussi apporter la preuve de ce que vous avancez. Un témoignage, un signe rendront votre message crédible,

6. **L'action**

   Faites en sorte que votre prospect réagisse à votre proposition immédiatement, en ajoutant un « incentive » : un échantillon gratuit ou une information complémentaire.

Votre communication doit générer des prospects. En modèle tout internet, ne tentez pas de passer en force avec de la vente directe si vous êtes limité dans la taille de vos annonces ou de vos avantages. Dans ce cas, restez dans le concept « 2 temps » : le premier message attire l'attention des prospects, le second conclut la vente.

N'hésitez pas à tester autant de messages de prospection que possible, ce qui vous permettra de retenir ceux qui donnent des résultats et gardez en mémoire que : « Vos messages doivent être aussi attractifs et irrésistibles que possible ».

- Détaillez des caractéristiques précises et non de vagues généralités. Tous les tests indiquent que des faits précis et des chiffres bruts produisent de meilleurs résultats que les textes ampoulés et les chiffres arrondis.
- Insérez une promesse forte et détaillez pourquoi votre client doit interagir maintenant.
- Rendez votre argument crédible. La perception de votre offre doit devenir la réalité.
- Ajoutez une offre spéciale limitée dans le temps pour bousculer l'inertie naturelle du prospect.
- Soyez clair dans vos instructions. Indiquez ce que vous attendez de votre prospect. S'il est hésitant, il n'achète pas.

Et, pour être vraiment efficace, il faut toujours commencer petit et tester. Ensuite, le mieux est d'élargir la taille de l'échantillon et puis de l'élargir, encore et encore, test après test.

Faites-vous connaître

L'objectif premier de la communication est de faire connaître ses produits/services et son entreprise. La communication matérialise le positionnement de l'entreprise, à savoir l'image que veut donner l'entreprise d'elle-même et de son offre à ses clients, ses concurrents et ses partenaires.

Pour bien communiquer, il est nécessaire :

- A nouveau, de déterminer la cible précise faisant l'objet de la communication,
- Que le message soit simple et clair,
- Que le message soit répété,
- De se fixer des objectifs précis et mesurables,
- De ne jamais donner d'informations erronées ou mensongères,
- Et surtout, de choisir les bons supports de communication pour atteindre ses clients.

En matière de support, il est important de faire la distinction entre :

- la communication "média",
- la communication "hors média".

La communication "média"

La communication "média" est généralement peu utilisée par une jeune entreprise. Les principales raisons en sont un coût élevé et un retour sur investissement souvent long.

	Avantages	**Inconvénients**
Presse (nationale, régionale, spécialisée)	- Permet de cibler les consommateurs précisément. - Les français sont les plus gros	- Le tarif est élevé. - Nécessité de répéter le message de nombreuses fois.

	lecteurs de presse en Europe. - Une grande fidélité des lecteurs. - Permet de toucher un très grand nombre de consommateurs potentiels (le taux de circulation est important).	
Radio	- Ciblage possible en fonction des heures d'écoute et des stations de radio. - Permet de toucher de nombreuses personnes en même temps. - Particulièrement adapté à l'organisation d'événements et la création de trafic.	- Location d'espace relativement chère. - Pas de visuel (plus difficile à retenir). - Nécessité de répéter le message de nombreuses fois.
Affichage	- Délivre le message à un grand nombre de consommateurs potentiels. - Une très grande variété de supports	- Difficulté de cibler correctement sa clientèle. - Une mesure d'audience peu fiable.

	(bus, métro, sur les murs). - Particulièrement adapté à l'organisation d'événements.	- Un média très réglementé. - Un coût important.
Cinéma	- Un impact important (la clientèle est attentive et intellectuellement réceptive). - Un bon ciblage géographique.	- Un média très cher.

La télévision à diffusion nationale, plutôt réservée aux grandes entreprises, était un support de communication très rarement ouvert aux créateurs de par son coût prohibitif. Toutefois, ces dernières années le paysage audiovisuel français a considérablement changé notamment avec l'arrivée de chaînes supplémentaires via la TNT (Télévision Numérique Terrestre), le développement de télévisions locales bénéficiant d'une large diffusion par les fournisseurs d'accès à internet mais aussi avec la multiplication des "Webtv" accessibles de tous ordinateurs connectés à internet. La communication par ces nouveaux supports permet de cibler une clientèle locale ou sectorisée avec des coûts plus abordables que précédemment. D'ailleurs, de plus en plus d'agences de communication spécialisées proposent des campagnes utilisant ces nouveaux canaux.

La communication "hors média"

La communication "hors média" est plus utilisée car généralement moins onéreuse. Surtout, elle permet de mieux cibler les clients grâce à des outils adaptés. Le retour sur investissement est donc plus rapide.

	Avantages	Inconvénients
La promotion (essai gratuit, réduction)	- Permet un retour très rapide sur investissement. - Permet d'avoir une image dynamique. - Possibilité de se constituer une base de données clients importante. - Certaines opérations sont peu onéreuses.	Nécessité d'être créatif et très organisé pour gérer le retour des clients.
Le marketing direct (mailing)	- Permet d'avoir un retour sur investissement rapidement. - Permet de s'adresser directement à ses clients. - Permet de créer un lien de proximité avec ses clients	- Nécessité d'avoir une base de données qualifiée (avec de bonnes informations). - Nécessité d'avoir un suivi clientèle et une mise à jour de sa base de données très régulière.
Les relations presse / relations publiques	- Permet de toucher un grand nombre de	- Les relations publiques sont souvent onéreuses.

	lecteurs. - Les relations presses sont quasi gratuites.	- Nécessité d'entretenir des relations avec les journalistes.
L'événementiel	- Permet de se constituer une base de données importante. - Permet d'avoir une image dynamique. - Permet de s'adresser directement aux consommateurs, aux acheteurs, aux prescripteurs.	- Généralement coûteux. - Le retour sur investissement n'est pas automatique.
Le parrainage (mécénat / sponsoring)	- Idéal pour lancer une nouvelle marque avec peu de moyens financiers. - Permet de toucher rapidement sa cible.	Il est important de ne pas se tromper dans le représentant de sa marque (un mauvais représentant de la marque peut fortement ralentir les ventes).
Internet	- N'a pas de limites géographiques. - Permet de créer une relation de proximité avec	- Gare à l'amateurisme, car le site internet d'une entreprise reflète son image. Le recours à un

	l'internaute. - Permet de l'interactivité. - Délivre l'information complète en temps réel.	professionnel est conseillé. - Générer des flux de visiteurs sur un site demande une animation très régulière et de veiller à un référencement auprès des moteurs de recherche. - En marge d'un site internet, l'entreprise pense souvent à lier des contacts avec ses clients/prospects en utilisant les réseaux sociaux (Facebook, Twitter, Viadéo, etc...). Attention de bien mesurer le temps que représente l'animation de ces réseaux... et les retours en chiffre d'affaires d'un tel investissement.

Source : APCE

L'effet de levier

Le principe de l'effet de levier est de gagner le plus possible en termes de ventes, de cash-flow et de résultats avec le moins possible d'énergie et de capitaux.

C'est en multipliant la puissance de votre publicité et de votre marketing que vous obtiendrez un meilleur rendement de votre investissement.

En général, vos coûts de publicité sont de même niveau, que vous engrangiez 10, 50 ou 500 nouveaux prospects. Le même effort de créativité et les mêmes ressources financières sont exigés. Mais accueillir 500 prospects plutôt que 10 fait une grosse différence, en termes de revenus. C'est pourquoi il vaut mieux utiliser des stratégies qui ont fait leurs preuves quand on lance des actions marketing ; on se donne de meilleures chances de résultats.

L'effet de levier s'obtient :

- En créant une forte attractivité
- En évitant les possibilités d'échec
- En économisant sur les moyens

Voici 7 façons d'obtenir plus de résultats pour moins d'efforts de marketing :

1. Passez des annonces moins grandes mais mieux conçues et plus « punchy »,

2. Sélectionnez avec soin les publications dans lesquelles vous annoncez et les mailing-lists que vous voulez utiliser,

3. Servez-vous des avantages que peuvent vous procurer vos partenaires comme l'utilisation de sites d'annonces classées, les annonces partagées ou les soutiens participatifs,

4. Renouez régulièrement avec vos anciens clients ou vos comptes dormants,

5. Publiez dans des médias réputés pour avoir un lectorat réactif,

6. Retravaillez tous vos documents de réponse et de suivi afin de donner à vos prospects le sentiment que ne pas devenir votre client risque de leur coûter cher, compte tenu des bénéfices que vous offrez et à côté desquels ils pourraient passer,

7. Une fois votre système en action, élargissez votre champ de cibles et mettez-le en pilotage automatique pour pouvoir vous concentrer sur d'autres développements.

Le succès, dans le marketing, repose sur la capacité :

- De trouver la meilleure source de prospects et de clients,
- De déterminer les moyens les plus efficaces d'atteindre autant de prospects cibles que possible,
- De convertir ces prospects en « clients pour la vie » qui, de plus, parlent publiquement aux autres de la qualité de vos produits/services.

En améliorant votre marketing à effet de levier vous trouverez de plus en plus de nouveaux clients. Vous pourrez ensuite transformer la première vente en une relation continue pendant de nombreuses années.

Avantage non négligeable, une fois trouvée la méthode qui marche, celle-ci peut être multipliée à l'infini et vous permettre une croissance exponentielle.

Ciblez votre prospect, un marketing de niche

Mieux vous pouvez définir votre marché-cible, mieux vous réussirez. Beaucoup trop d'entrepreneurs veulent « ratisser large ». C'est en vous concentrant sur le segment que vous voulez servir que vous réussirez le mieux.

Ne généralisez pas, spécialisez-vous. Choisissez des marchés de niche qui soient identifiables et accessibles.

En analysant bien vos résultats, il y a des chances que la loi de Pareto s'applique et que 80 % de votre chiffre d'affaires vienne de 20 % de vos clients.

Peut-être ces 20 % viennent-ils de votre voisinage où sont dans un métier bien spécifique. Voilà des indications précieuses pour encore mieux cibler votre prospection à venir.

C'est en cherchant inlassablement qui sont ceux susceptibles de vouloir votre produit/service que vous trouverez votre clientèle. Ne tentez pas d'inspirer le désir de vos produits/services. Détectez, au contraire, les désirs de vos clients et adaptez votre offre à ces désirs. Ainsi, ce sont eux qui seront demandeurs.

Le consultant en marketing, Antony Black, illustre cette façon de faire par une image édifiante :
« ... il y a des gens qui se baladent avec, dans leurs poches, de l'argent à dépenser, de l'argent qui brûle leurs poches ;

tout ce que vous avez à faire, c'est de suivre l'odeur de la fumée qu'elles dégagent ».

En d'autres termes, suivez les recommandations des promoteurs des business model d'aujourd'hui, comme Canvas, qui recommandent des allers retours permanents avec les clients pour bien définir et redéfinir les produits/services qui leur conviennent et qu'ils sont prêts à payer.

Vous obtiendrez de biens meilleurs résultats en vous concentrant sur des niches de marché qui ne sont pas encore servies ou seulement partiellement. C'est là que vos produits/services seront demandés, appréciés et, finalement, achetés.

Regardez bien ce que font les autres et faites, vous, les choses différemment. Evitez les niches déjà largement occupées mais cherchez celles que les autres considèrent comme trop petites ou insignifiantes. Assurez-vous tout de même qu'elles sont suffisamment larges pour rendre vos efforts profitables.

Il vous faudra aussi viser des segments de marché qui peuvent être atteints par une stratégie de publicité et de marketing frugale. Les groupes qui sont trop chers ou trop difficiles à atteindre ne font pas partie de vos cibles. Vous n'en retirerez que des frustrations.

Soyez adaptable et flexible. Les marchés et les opportunités varient constamment. Rien ne reste jamais indéfiniment stable. Le changement est permanent que cela vous plaise ou non. Soyez prêt à vous reconcentrer sur votre marché-cible à chaque fois que c'est nécessaire. Votre flexibilité et votre adaptabilité sont les traits qui vous permettront de grandir dans un marché en constante évolution.

Quand vous recherchez des niches, visez des marchés qui :

- Partagent les mêmes problèmes, ont les mêmes souhaits, afin que vous puissiez « packager » des solutions originales qui servent plusieurs niches plutôt que de proposer des solutions standardisées à une requête spécifique,
- Vous sont connus et que vous comprenez ou sur lesquels vous avez pu recueillir une masse d'informations exhaustive, en particulier sur les bonnes pratiques d'approche,
- Sont facilement atteignables et sans coûts excessifs,
- Sont identifiables comme étant ceux qui sont actuellement mal servis par d'autres,
- Sont prêts à payer facilement pour vos produits/services,
- Démontrent avoir, dans le passé, acheté des produits/services de même nature et dont le panier moyen est proche de celui de votre offre.

Ces points vous aideront à déterminer les domaines les plus rentables et les plus efficaces pour votre marketing.

L'un des best-sellers américains de ces dernières années a été écrit sur la base de retours d'information du marché. Il s'agit de : « Des cuisses fines en 30 jours ». L'auteur, Wendy Stehling, avait besoin de 100.000$ pour un projet personnel. Elle interroge autour d'elle sur le moyen de plus rapide de les gagner. Vends un livre lui répond-on. Qu'est-ce qui se vend le plus demande-telle à des éditeurs. Des livres pour maigrir. De quoi voulez-vous maigrir le plus vite demanda-t-elle alors à un nombre important de consommatrices. Des cuisses. C'est ainsi qu'elle écrivit son livre, en vendit des dizaines de milliers d'exemplaires et gagna ses 100.000$.

Comment trouver qui sont vos clients ?

En sachant :

- A quoi ils croient,
- En qui ils ont confiance,
- De quoi ils ont peur et qui ils aiment,
- Ce qu'ils recherchent,
- Qui sont leurs amis,
- De quoi ils parlent généralement.

Capitalisez sur votre avantage compétitif distinctif

Pourquoi les prospects devraient-ils faire des affaires avec vous ? Et pourquoi pas avec vos concurrents ? La réponse à ces questions doit être soigneusement communiquée au marché à chaque occasion.

Votre avantage compétitif distinctif est votre meilleur atout dans l'attraction de nouveaux primo-acheteurs. C'est ce qui vous donne une image originale et une approche compétitive du marché. Votre avantage compétitif distinctif ou votre proposition de vente distinctive est ce qui vous différencie du lot commun et fait de vos produits/services une offre remarquée par l'ensemble du marché.

Mais ce n'est pas suffisant. Il faut le marteler dans chacune des communications que vous dirigez vers le marché. En fait, c'est un travail quotidien. Vous devez le vivre au jour le jour. Il ne s'agit pas d'un rêve ou d'un concept mais de ce qui vous donne un avantage sur tous les autres.

La clé du succès d'un avantage compétitif distinctif est la communication puissante et durable qu'on peut diffuser au client.

Il faut que vous facilitiez la compréhension de cet avantage par le client. C'est pourquoi les tests gratuits, les échantillons, les abonnements de quelques jours marchent si bien. Vous faites gouter votre produit/service à votre futur client et faites en sorte qu'il ne veuille plus le rendre.

Il faut imaginer votre avantage compétitif distinctif comme un spot publicitaire de 10 secondes pour vos affaires. Que pouvez-vous dire en 10 secondes qui vous positionnerait tout en haut dans l'esprit de votre prospect ?

Communiquez vos avantages partout. C'est votre meilleur argumentaire parce qu'il vous distingue de tous les autres. N'hésitez pas à le reproduire partout, sur vos cartes de visites, dans vos catalogues et prospectus, sur votre site internet et dans votre signature de mail, etc.....

Vous donnerez ainsi à tous vos prospects une occasion de prendre contact avec vous à son sujet.

Votre avantage compétitif distinctif dit au marché ce que vous offrez et que les autres n'ont pas. C'est lui qui détermine, à la fin, votre prospect à devenir un client, puis à le rester.

Faites des offres de bienvenue irrésistibles

Créez les conditions qui rendent très facile à un client de faire son premier achat de votre offre produit/service. N'essayez pas de lui vendre, d'entrée de jeu, un pack complet ou la version de luxe. Au contraire, proposez-lui quelque chose de simple dans votre offre d'entrée de gamme. Donnez à votre nouveau prospect l'impression qu'il est facile et plutôt bon marché de devenir client chez vous.

Certaines entreprises commettent l'erreur de tenter de vendre au plus cher à la première occasion. Le problème est qu'un prospect est toujours méfiant de prime abord. Il est donc d'abord nécessaire de gagner sa confiance. Commencez petit pour que le risque qu'il prend avec vous soit minime. Avec le temps, vous verrez fleurir une relation de plus en plus détendue ponctuée d'achats de plus en plus fréquents.

Comme la première vente à un prospect est l'étape la plus difficile, facilitez la vie de celui qui s'est décidé à sauter le pas.

Le but est de l'accueillir comme un client. Aidez-le à bénéficier de votre offre produit/service sans qu'il ait l'impression de prendre un risque disproportionné avec son achat. Donnez-lui l'occasion de tester votre produit/service. Et faites tout ce que vous pouvez pour qu'il soit satisfait de son achat. Les primo-clients sont l'essence de votre développement.

Faites tout ce qu'il faut pour réaliser cette vente initiale et la réussir. La suite viendra automatiquement pour peu que la première expérience ait été bonne.

Comme il est généralement plus facile d'amener des prospects à acheter avec des produits/services à petit prix, vous attirerez des primo-clients en plus grand nombre et augmenterez ainsi les chances de renouvellement vers des produits/services plus chers.

Donnez plus de valeur perçue

Qu'il s'agisse du premier achat ou du trente et unième, la clé de l'expansion est de faire une proposition de valeur supérieure à celle du marché. Ce n'est pas tant le prix intrinsèquement qui est important que la valeur d'usage perçue par le client pour le prix payé.

Il faut donner plus de « valeur d'usage » qu'on encaisse de « valeur argent ». C'est ce qui vous démarquera de vos concurrents.

Ce supplément de valeur d'usage peut être un franco de port, une installation gratuite, une hot line digne de ce nom, une extension de garantie ou un cadeau complémentaire, comme :

- un emballage cadeau personnalisé,
- des informations plus détaillées,
- un packaging multi-usages réutilisable,
- des outils de maintenance,
- une plus grande quantité que l'offre habituelle de la profession,
- un accès Web personnalisé pour s'enregistrer,
- des primes ou de petits cadeaux,
- des consultations gratuites.

Il faut que ce soit des cadeaux que le consommateur souhaite et dont on a vérifié le bien-fondé auprès d'eux. Accompagner votre nouveau produit/service d'un précédent devenu obsolète n'a pas de sens.

Renversez la notion de risque

Entrer dans un processus d'achat avec une entreprise qu'on ne connait pas créé toujours chez les prospects une peur, la peur que nous avons tous devant l'inconnu. Et plus le produit/service est cher, plus cette peur s'accroit.

Nous avons tous vécu une ou deux mauvaises expériences d'un achat qui ne correspondait finalement pas à ce que nous avions souhaité. C'est ainsi que nous sommes devenus méfiants, comme les clients que nous voulons convaincre aujourd'hui.

Pour renverser la notion de risque, il faut assumer la responsabilité totale de la satisfaction du client. C'est en transférant le risque que doivent prendre vos prospects vers vous que vous en inversez la charge :

1. Donnez, sans limitation, une garantie de remboursement tout en laissant à votre client le bonus que vous lui avez accordé pour son premier achat. C'est en quelque sorte le « salaire » que vous lui accordez pour avoir testé votre produit,

2. Soyez plus généreux que vos concurrents sur la durée de la garantie,

3. Offrez-lui de payer en plusieurs fois,

4. Proposez-lui une première offre imbattable (5 CD's pour 5€),

5. Donnez-lui des échantillons gratuits pour essayer (parfumerie),

6. Proposez-lui des essais gratuits sur une période limitée,

7. Acceptez de n'être payé qu'une fois votre produit/service approuvé par votre client.

Un marketing actif continu assure le succès

« *Le succès réside dans la continuité* » dit-on familièrement. C'est particulièrement vrai pour le marketing. Le but est de trouver des prospects, de les convaincre de devenir des acheteurs, puis, de bien les servir pour qu'ils vous restent fidèles.

Si certains prospects remarquent vos messages et achètent, d'autres ne les voient pas forcément la première fois. C'est pourquoi le marketing est fait de répétitions.

Un bon système de marketing est fait pour agir en continu. Certains experts considèrent qu'il faut avoir transmis sept fois un même message avant d'en changer. Cela dépend, bien sûr, de votre produit/service et de vos moyens financiers mais dans vos prévisions, assurez-vous d'avoir les moyens de contacter plusieurs fois vos prospects sinon vous jetez le peu d'argent que vous avez mis dans votre campagne par la fenêtre.

Vous devez vous accorder un droit à l'erreur. Si votre premier message n'est pas parfait et ne donne pas de résultat, il ne faut pas hésiter à le changer et à en tester un autre qui lui, marchera peut-être.

Enfin, autour de votre produit/service, vous devez aujourd'hui déployer tous les moyens conventionnels et numériques. Ils font partie de votre offre ; ils sont votre offre :

- Newsletters,
- Catalogues et brochures,
- Site internet,
- Cartes de vœux, de remerciements, d'anniversaire,
- Communiqués d'annonce de nouveaux produits/services,
- Notices d'utilisation
- Hot Line de maintien ou lien.

Finalité d'un marketing efficace

Avant de dépenser votre temps et votre argent en marketing posez-vous encore une fois les bonnes questions:

- Qui est-ce que je veux toucher précisément?
- Quels sont les changements que je propose ?
- Comment saurai-je que cela va marcher ?
- Combien de temps s'écoulera avant que je perde patience ?
- Combien de temps s'écoulera avant que l'un des membres de mon équipe en dénature la mission ?
- Combien de temps et d'argent suis-je prêt à dépenser ?
- Qui saura apprécier le travail accompli?
- Qui est-ce que je veux impressionner?

Il est beaucoup moins cher de répondre objectivement à ces questions au préalable que de vous lancer aveuglément et de dépenser votre temps et votre argent en marketing mais, hélas, il est rare qu'on procède ainsi.

L'esprit et les marques

Même une entreprise très technique ou technologique doit aujourd'hui être totalement orientée vers le client et disposer d'une organisation qui le met au centre de toutes les actions.

Les décisions doivent reposer sur une philosophie marketing (besoins du marché), laquelle se substitue aux anciennes conceptions qui se fondaient sur une philosophie produit (on fait un produit, il se vendra toujours) ou sur une philosophie vente (il faut vendre par tous les moyens).

Peut-être votre entreprise dispose-t-elle d'une ou de plusieurs marques reconnues. Il vous faut alors à gérer une importante source de valeur – que les marques soient ou non activées au bilan financier – pour l'entreprise elle-même, mais aussi pour ses clients.

La force et la signification d'une marque participent, de façon très forte, à la reconnaissance d'une entreprise aux yeux du public. La marque contient à la fois sa promesse et son évolution dans le temps. Elle détermine la stratégie de marketing et de communication de l'entreprise et permet d'accélérer les lancements de nouveaux produits/services.

Bien positionnée, la marque permet de passer d'un message centré sur les produits/services à un message plus global de qualité de la relation avec les clients, favorisant ainsi le renouvellement de l'offre et la pérennité de l'entreprise.

Bien positionnée et traitée conformément à la promesse qu'elle délivre, elle constitue un facteur important de différenciation compétitive.

C'est un actif de grande valeur que vous soignerez avec beaucoup d'attention. En particulier :

- Faites contrôler précisément les droits juridiques, classe par classe, pays par pays, attachés à sa propriété intellectuelle. Il est impossible de capitaliser sur une marque mal ou non protégée.
- Ne l'appliquez que sur des produits conformes à sa signification et à son contenu. Une marque est un contrat avec le client ; si vous la dévoyez, vous rompez le contrat.
- Renforcez tous les jours ses critères de différenciation tout en respectant son identité. Une marque est une mémoire vivante. C'est pourquoi elle peut être rajeunie à un coût bien moindre que celui du lancement d'une

nouvelle. Le succès recouvré de l'Ambre Solaire en témoigne.

- Déclinez-la de plus en plus haut pour extraire la marge supplémentaire d'une montée en gamme au prix d'un investissement identique conformément à l'illustration suivante donnée par Jean-Noël Kapferer, expert des marques, de renommée internationale.
- Concentrez tous vos efforts sur sa valorisation et la mise en valeur de son « ADN ». L'une des dérives trop courante de marques qui en viennent à perdre leur éclat est l'assoupissement de services marketing qui, au lieu de se concentrer sur leurs forces, et la marque en est une très puissante, ils se réfèrent systématiquement à la concurrence.

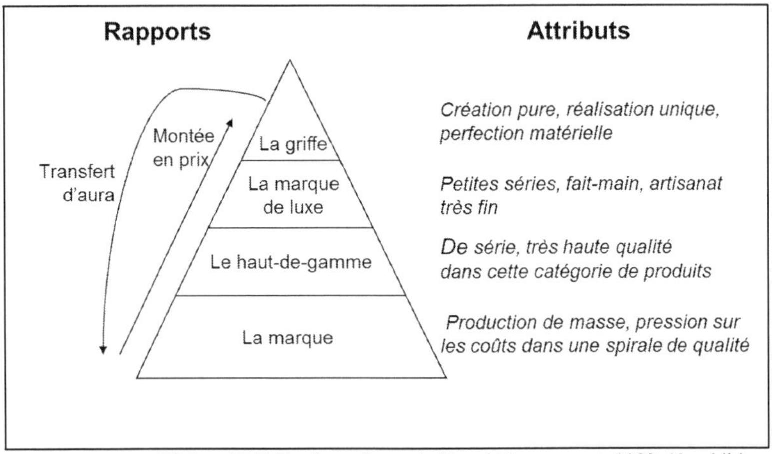

Cf. Jean-Noël Kapferer, Strategic Brand Management, 1992, 1ère édition

VENTES

La vente, fonction "push", qui consiste à pousser le produit/service vers le client, s'articule autour de deux grands domaines d'action (le modèle économique internet ayant été traité au précédent sous-chapitre marketing) :

1. **Directement** vers le consommateur ou l'utilisateur professionnel. C'est le cas, pour les produits grand public d'Amway, d'Avon ou encore de Tupperware, par exemple, ou la vente aux professionnels, pour lesquels de nombreuses entreprises ont monté des circuits courts afin de permettre à une équipe de vente de rendre des visites régulières de prospection, ou de prise de commande à des prospects, ou des clients d'entreprises du territoire qui lui est dévolu.

2. **Par le biais d'un réseau** de distribution ou de revente qui peut être soit ouvert, en position de pleine concurrence, soit fermé par des accords d'exclusivité, de partenariat ou de franchise.

Dans tous les cas de figure, dès lors que vous animez une équipe de vente, que ce soit dans un cadre multi-niveau ou dans la vente directe ou indirecte, les méthodes commerciales sont très similaires et constituent le savoir-faire des grands chefs de ventes. Tout au plus doit-on distinguer dans leur art, une sensibilité différente selon qu'ils ont l'expérience de la consommation « grand public » ou de l'utilisation professionnelle. Pour le reste, les techniques de base sont les mêmes.

Une entreprise, aussi sophistiqué soit son produit, est d'abord une machine à vendre. Il n'y a pas d'entreprise sans vente. Pour réussir, il faut attirer des clients et les conserver afin qu'ils continuent à acheter de façon régulière.

Toutes les politiques de l'entreprise, son organisation, le management de ses produits/services, ses canaux de distribution, son marketing, sa gestion et ses finances doivent être toutes entières, dévouées à la vente : la vente au juste prix, celui qui permet à l'entreprise de prospérer ; la vente d'un produit ou d'un service suffisamment apprécié par le client pour lui donner envie de revenir et constituer ainsi le socle de sa pérennité.

Quelle que soient les qualités d'un entrepreneur, sa créativité, son courage, sa volonté, elles seront de peu de poids s'il n'y ajoute la soif de vendre, à toutes les étapes de la croissance de son entreprise.

Dans le système d'organisation lié à notre concept de management entrepreneurial, la vente a pour objectif de transformer un maximum de prospects en clients.

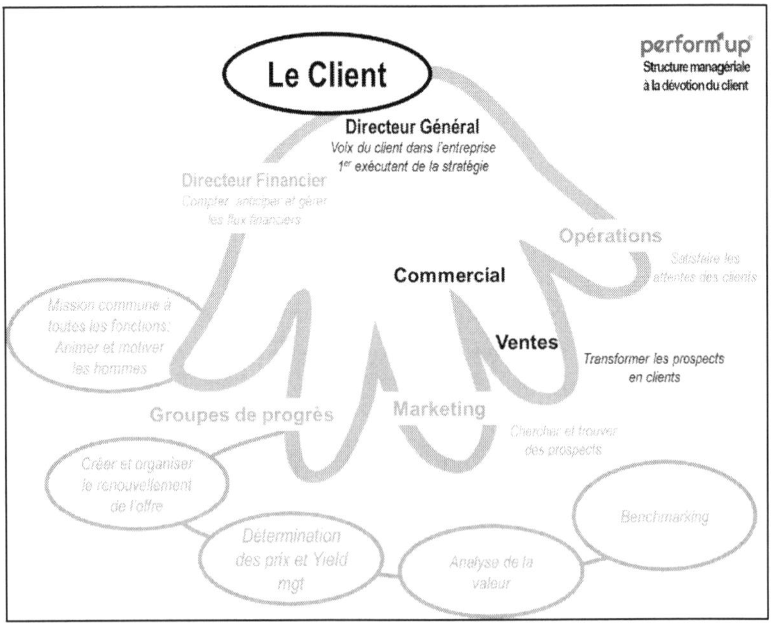

Les modes de distribution

Le choix de la politique de distribution nécessite :

- d'identifier les typologies des différents réseaux de distribution qui permettront d'optimiser vos ventes,
- d'analyser les fonctions supports à votre disposition : force de vente et outils d'animation de réseaux.

Votre entreprise peut utiliser l'un ou l'autre ou tous les canaux de distribution disponibles, réseaux classiques, category-killers, multi-distributeurs, grandes surfaces spécialisées ou non ou encore intervenir directement sur le marché par la VPC, Internet ou encore par le biais d'un réseau intégré de magasins de détail.

Quelques règles à observer dans votre analyse :

- Quelle que soit le système de distribution, l'utilisateur final doit être identifié précisément et parfaitement connu de vous dans son comportement habituel vis-à-vis du produit.
- Le premier critère d'appréciation de la qualité d'un point de vente est la proximité. Utilisez le **géomarketing** pour définir votre implantation optimale. Il existe aujourd'hui de nombreux logiciels permettant d'identifier les zones de chalandise et d'y mesurer les performances.
- Lorsque vous utilisez plusieurs canaux de distribution, celui vis-à-vis duquel vous pratiquez les prix les plus bas n'est pas forcément le moins rentable. Les coûts correspondants doivent être appréhendés avec précision et les marges en marges de contribution. Utilisez toujours la méthode A B C pour comparer la rentabilité

des canaux (Cf. Tome 3, Maîtrise de chiffres et de la croissance).

Il est important de bien faire la distinction entre les circuits, les canaux et les intermédiaires. Pour parvenir aux consommateurs, le produit va parcourir un circuit. Celui-ci peut être :

1. Les circuits de distribution

Direct	Littéralement "du producteur au consommateur". L'entreprise est productrice du produit/service et le vend directement, sans intermédiaire, aux clients.
Court	Un seul intermédiaire se situe entre le producteur et le consommateur. Attention, un circuit court ne permet pas toujours d'afficher des prix bas. L'entreprise doit souvent faire face à des charges incompressibles : coûts de stockage, transport, personnel.
Long	Plusieurs intermédiaires vont acheminer consécutivement le produit au client.

2. Les canaux de distribution

On distingue :

La grande distribution	Intègre les fonctions de grossiste et de détaillant en utilisant de grosses quantités de marchandises.
Le commerce de gros	Achat de marchandises en grosses quantités et revente à d'autres intermédiaires.
Le commerce de détail	Achat de marchandises pour les revendre aux consommateurs.

L'e-commerce La vente par correspondance La vente en réunion La vente à domicile	Utilisation d'un circuit direct ou semi direct pour vendre des marchandises hors magasins.

3. Les intermédiaires

Ils sont rassemblés en différents groupes :

Le commerce indépendant	Il regroupe les détaillants et grossistes travaillant de manière isolée. Exemples : la boucherie de quartier, le grossiste en matériel informatique, etc.
Le commerce intégré	Ces entreprises rassemblent des fonctions de gros et de détail en intervenant entre les producteurs et les consommateurs. Exemples : les hypermarchés, les grandes surfaces spécialisées, les grands magasins, etc.
Le commerce associé	Ce groupe réunit : -les franchises, -les coopératives de détaillants : elles regroupent les achats de leurs membres pour obtenir de meilleurs prix, -les groupements de grossistes : ils effectuent des commandes importantes en volume auprès des producteurs pour négocier les prix d'achat.

Dans tous les cas, il faut savoir situer son entreprise dans un circuit en prenant en compte les coûts générés par la distribution : charges de personnel, de transport, de production, de stockage, etc. Cet aspect ne doit surtout pas être négligé notamment lors de la réalisation des études prévisionnelles.

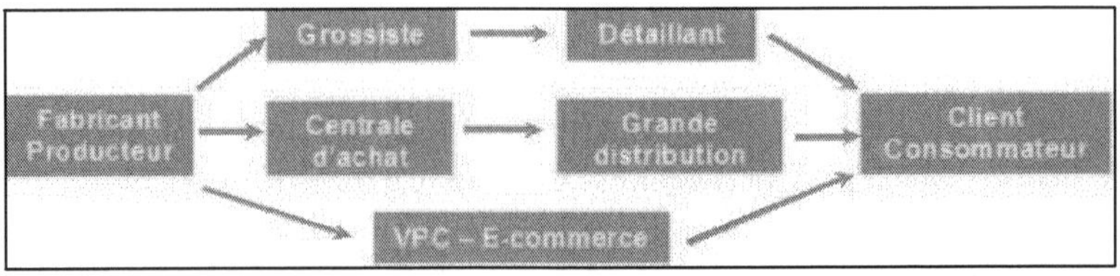

Source APCE

Une entreprise peut-elle se permettre de multiplier la distribution de ses produits sur différents circuits ?

Oui si elle vise des clientèles aux usages d'achats différents et surtout si elle possède les moyens (financiers, techniques, humains) de mener de front plusieurs équipes pour les différents circuits.

Une entreprise ne peut pas se permettre de se tromper de circuit de distribution. Il faut donc choisir les bons intermédiaires, la bonne équipe de vente et se préparer longtemps en amont de la création d'entreprise.

Enfin, le choix de la politique de distribution doit toujours être en parfaite cohérence avec les objectifs de vente fixés.

La force de vente

Pour vivre et évoluer sur son marché, l'entreprise doit générer du chiffre d'affaires et surtout réaliser des bénéfices. L'accroissement des ventes passe naturellement par l'adéquation entre toutes les composantes du mix marketing (choix du bon produit, fixation du bon prix, etc.) et le marché.

Mais, une force de vente efficace permet de littéralement "doper" le chiffre d'affaires.

La plupart du temps, le premier vendeur de l'entreprise (et souvent le seul pour les petites entreprises) n'est autre que le dirigeant lui-même. D'après une expression courante, « on naît vendeur ou on ne l'est pas ». Cela ne veut pas dire qu'un porteur de projet ne se sentant pas l'âme d'un vendeur, ne réussira pas à développer son entreprise. Mais, quoi qu'il lui en coûte, il devra se former à la vente (de nombreuses techniques existent) et surtout s'entourer de vendeurs compétents, qui composeront la force de vente de l'entreprise.

Le chef d'entreprise dont la structure se développe se posera inévitablement la question : dois-je embaucher un salarié, faire appel à une force de vente indépendante (agent commercial) ou encore à une force de vente supplétive (prestataire de service) ?

Pour y répondre, il faut d'abord prendre le temps nécessaire de l'analyse des coûts et des incidences juridiques (obligations contractuelles).

Un chiffre d'affaires important peut, en effet, cacher de très petits bénéfices voire des pertes car il faut trouver le juste équilibre afin d'éviter que le poste des salaires et des charges ne grève les marges.

La gestion de ceux qui sont les porte-drapeaux du service aux clients n'est pas chose aisée. Il s'agit de personnalités, le plus souvent décentralisées dans leur territoire géographique d'action, travaillant seules, absentes de chez elles plusieurs nuits par semaine et qui, compte tenu de leur éloignement de la société, ne participent pas à sa vie quotidienne. Elles en sont d'ailleurs souvent les mal-aimées, tant le chiffre d'affaires est associé à leur fonction ; et quand ça va mal… Si on ajoute qu'un bon vendeur est en général un grand anxieux et que son lot quotidien est de servir de mur des lamentations aux clients auxquels il rend visite, on comprend que parfois, il frôle la paranoïa et devienne le plus vindicatif des contradicteurs de l'entreprise. Mais le rôle primordial de la force de vente exige de la direction une sollicitude de tous les instants.

Votre équipe sera intégrée et solidaire

Vous devrez en particulier, vous assurer que les vendeurs :

- Connaissent et partagent les valeurs de l'entreprise,
- Soient dirigés conformément à ces valeurs,
- Bénéficient d'une rémunération claire, compréhensible et juste,
- Se voient fixer des objectifs réalistes et SMART :
  - Spécifiques,
  - Mesurables,
  - Atteignables,
  - Réalistes,
  - Temporels
- Puissent s'exprimer librement,
- Se voient proposer régulièrement des formations constituant pour eux de véritables facteurs de progrès personnel.

Elle suivra des méthodes de travail rigoureuses

La vente n'a rien du tourisme d'affaires. Comme pour la production, les méthodes sont essentielles et le rôle du chef ou du directeur des ventes déterminant. Son profil aura d'ailleurs été analysé avec soin lors de son embauche. C'est souvent un ancien vendeur ce qui n'est pas forcément un gage d'efficacité car l'art de la vente n'a rien à voir avec l'art du management. Lorsque vous atteignez le stade où un chef des ventes est nécessaire, sélectionnez-le avec beaucoup de soins.

Nommer ou confirmer un Chef des Ventes, c'est d'abord choisir quelqu'un de rigoureux dans ses méthodes, suffisamment empathique pour pouvoir servir de coach à ses collaborateurs et résolument déterminé pour prendre froidement des décisions parfois sévères. L'animation d'une équipe de vente exige que l'on soit :

- Coercitif sur l'organisation des plans de tournée afin de réduire les temps de trajet et de maximiser le temps utile auprès des clients. Vous ferez établir avec précision les coûts de visite, optimiser les visites par client et serez sélectif dans l'usage du temps disponible. Seuls les gros clients seront visités fréquemment ; il vaut mieux privilégier la télévente pour les petits. N'hésitez pas à modifier, s'il doit en résulter plus d'efficacité, les territoires de vente. En analysant la rentabilité de chaque vendeur, vous pourrez mettre en place des normes de progrès individuelles et améliorer la productivité.
  Une anecdote mérite, par la caricature qu'elle donne de la rentabilité d'une visite, d'être ici rapportée : *A la grande époque de la vente au porte-à-porte d'assurances-vie, il était généralement admis que plusieurs visites étaient nécessaires pour finaliser le contrat, ce qui exigeait du temps. Un vendeur, pointu sur ses statistiques, constatant que 50 pour cent de ses contrats avaient été obtenus en une seule visite et 50 pour cent en 2, 3 ou 4, décida de ne plus multiplier les visites en adoptant une tactique de : « à prendre tout de suite ». Malgré la perte des contrats nécessitant plusieurs visites, il augmenta de 60 pour cent ses*

performances en n'allant voir que de nouveaux prospects qu'il transformait à 50 pour cent.

- Précis dans l'étendue des moyens d'information mis à disposition d'une équipe de vente et attentif à l'usage qui en est fait. Il est nécessaire aussi de détecter et de faciliter l'échange des meilleures pratiques.
- Exigeant sur l'entretien du matériel et, le cas échéant, du véhicule confié au vendeur ; ils projettent l'image de marque de l'entreprise.
- Sourcilleux sur la qualité des connaissances du vendeur : client, marché, économie et stratégie de l'entreprise, produits, services, concurrents, rien ne lui est étranger. En outre, vous devrez veiller à ce que vos vendeurs participent régulièrement à des séminaires de formation sur les techniques de vente, la négociation, l'auto-motivation, etc…
- Attentif à l'opportunité d'opérations promotionnelles. Si les campagnes de promotion ont parfois du bon, elles entraînent un surcroît de travail temporaire en même temps qu'une augmentation temporaire des ventes. Mais rapidement, cette période de forte activité est suivie d'une dépression afin de permettre au réseau d'écouler ce qu'il a acheté en plus. On n'est donc pas forcément gagnant.
- Intraitable dans l'évaluation que vous faites de chaque membre de vos équipes de vente. Un turnover dans l'équipe est absolument nécessaire et vous éliminerez tous les six mois ou tous les ans selon sa taille, celui ou celle qui pointe à la dernière place en termes de performance. C'est dur, mais la vente est un métier difficile, généralement mieux rémunéré que d'autres et sur qui repose le succès de l'entreprise tout entière.

Le vendeur face à son client

Aujourd'hui, si la connaissance exhaustive et intime du produit/service proposé est un prérequis incontournable à toute action de vente, l'attitude et le comportement du vendeur constituent, dans la plupart des cas, les déclics déclencheurs du contrat. Aussi veillerez-vous à ce que les membres de votre équipe sachent :

1. Concentrer leurs efforts sur le prospect lui-même beaucoup plus que sur le produit,

2. Gagner la confiance du prospect par une écoute active,

3. Maîtriser le facteur humain dans la vente, bien avant le discours technique et la logique de l'argumentation,

4. Investir leurs « tripes » encore plus que leur tête dans leur argumentation ; l'attitude est plus importante que l'argument,

5. Se remettre en question régulièrement afin de détecter leurs faiblesses et ne pas répéter régulièrement les mêmes erreurs,

6. Toujours rester dans une relation empathique et combattre la tendance naturelle à la relation conflictuelle ; le but n'est pas d'avoir raison mais de remporter le contrat,

7. En fonction de la personnalité de leur interlocuteur, trouver la bonne raison d'achat plutôt que de dérouler sa liste d'arguments les uns après les autres,

8. Ne pas se lancer dans une discussion sur le prix sans avoir d'abord exposé la valeur de l'offre,

9. Maîtriser les facteurs de démotivation, nombreux dans une profession qui ne diffuse pas toujours une bonne image.

Vous veillerez aussi à ce que vos équipes de ventes maîtrisent bien l'art de la négociation (Cf. Tome 1 – Chapitre 6 – Page 147)

Des rémunérations motivantes

Il n'est jamais facile de trouver, d'entrée de jeu, la bonne formule de rémunération pour les vendeurs. Il faut souvent tâtonner longtemps avant d'aboutir à un compromis acceptable. Vous devrez cependant, respecter quelques préceptes :

- L'intérêt de l'entreprise, c'est évidemment un maximum de rémunération variable pour un minimum de rémunération fixe.
- Le vendeur doit pouvoir calculer sa rémunération en temps réel afin de se motiver en permanence
- La rémunération doit intégrer les deux concepts de progrès et d'objectifs (Cf. Tome 3, Maîtrise des chiffres et de la croissance)
- L'intéressement progressif est particulièrement motivant. Comme, en général, 80 pour cent des ventes sont faites par 20 pour cent des vendeurs, certains feront fortune. Tant mieux ! Les vendeurs qui réussissent doivent gagner beaucoup plus que ceux qui végètent.

- Des récompenses-symboles compléteront votre grille de rémunération. Le symbole est parfois plus important que la récompense elle-même.

Outils d'animation de réseaux

Fidélisation

Utilisez les techniques de fidélisation mais n'investissez que sur les clients à fort potentiel et liez directement la performance à la récompense. Il n'est pas exagérément coûteux de créer des clubs de professionnels ou de consommateurs, d'éditer une " newsletter " électronique sur votre entreprise et ses produits, de réaliser une carte de fidélité, des bons d'achats ou des chèques-cadeaux. La « newsletter » élargie aux relations publiques de l'entreprise agira de plus comme caisse de résonnance de son évolution. Nous avons déjà listé ces outils à la rubrique « Marketing ».

N'hésitez pas à recourir à des prestataires de services qui font de la motivation ou de la stimulation leur spécialité. Vous gagnerez beaucoup de temps car ils vous proposeront du clés en mains en harmonie avec vos moyens.

Pour les outils de fidélisation, il existe également de nombreux prestataires. Au final, ils sont toujours moins chers que les « bricolages internes » auxquels vous pourriez être tentés de vous livrer, croyant ainsi faire des économies, car ils savent quelles solutions utiliser et comment les mettre en œuvre rapidement.

Promotion

Sachez vous servir de tous les prescripteurs qui vous entourent naturellement :

- Mobilisez d'abord votre propre personnel. L'arrivée d'un nouveau produit ou d'un nouveau service l'intéresse. Bien présentée, la nouveauté sera immédiatement colportée localement mais aussi par téléphone ou internet.
- Soignez la presse et les médias. Information systématique et courtoisie des rapports vous permettront de faire passer vos messages lorsque vous avez des choses à dire ou à présenter.
- Utilisez à bon escient les bases de données pour soutenir vos lancements par mailings ciblés.

Merchandising

La présentation de vos produits au public visé doit être conforme au message que vous voulez faire passer. Vos nouveaux produits doivent avoir été conçus, dès le départ, avec les outils de merchandising adaptés, incorporés au prix de revient pour bien participer à la politique que vous avez définie.

Zara , par exemple est passé maître dans l'art de marier une image chic à petits prix grâce au merchandising - en associant mise en avant de prix bas à l'entrée du magasin et stoppers - à une ambiance générale raffinée valorisante, tout en renouvelant aussi son assortiment très rapidement. Pour ses clients, les enquêtes démontrent que les prix perçus sont inférieurs de 18 pour cent aux prix réels.
Quand on a besoin de marge, cela aide !

Mettre en valeur un produit ou un service accroît le niveau des ventes et la rentabilité. Cette façon de faire passe par la détermination du choix offert, la présentation et la mise en scène des produits, l'animation du point de vente, la gestion des produits... Toutefois en amont de toute action, le chef des ventes doit se poser de nombreuses questions :

- Quel sera le bon emplacement pour mes produits ?
- Quelle surface leur allouer ?
- Quel matériel de présentation sera le plus approprié ?
- Quels types de publicité sur le lieu de vente (PLV) et en quelles quantités ?
- Quels coûts doivent être investis ?

Le droit au service du commerce

Cela peut paraître incongru mais vous ne devez pas négliger les moyens juridiques à votre disposition quand la concurrence devient déloyale.

La compétition doit se dérouler à armes égales et tous les moyens légaux doivent être, le cas échéant, mis en œuvre pour qu'il en soit ainsi.

Vous n'hésiterez donc pas à vous servir du droit lorsque vous souffrirez parce que certains de vos concurrents franchissent allègrement la ligne jaune. De nombreuses actions sont possible. Par exemple :

- Face à une concurrence déloyale par les prix, conduite par des intervenants produisant dans un pays à bas coût de main d'œuvre ou à économie dirigée, les procédures anti-dumping auprès de la commission européenne sont longues, mais au final, très efficaces,
- Face à des méthodes de commercialisation agressives ne respectant pas les règles du droit de la consommation ou de la concurrence, il n'y a pas de honte à saisir la DGCCRF ou l'autorité de la concurrence,

- Face à des tentatives de déstabilisation de votre réseau de vente par de grands distributeurs qui se procurent des produits/services de votre marque pour les offrir à bas prix dans leurs magasins, il est de votre devoir de protéger votre réseau en agissant en justice par les moyens les plus rapides aussitôt que vous êtes informés de la tentative.

Si l'action de terrain est toujours offensive, en marketing comme en vente, le non-respect des règles par vos concurrents doit vous faire adopter des mesures défensives. Vous êtes sur un terrain de jeux où on tire à balles réelles, vous avez donc le droit, le devoir même, d'en faire respecter les règles.

CHAPITRE 8

MANAGEMENT DES OPERATIONS

Dans « management des opérations », nous incluons toutes les fonctions de l'entreprise qui permettent de conserver les clients en leur donnant satisfaction en tous points, une fois qu'ils sont devenus clients. De l'entrée des commandes jusqu'au service après-vente des produits/services livrés, le management des opérations met en œuvre les processus les plus efficaces économiquement et les mieux à même de satisfaire le client.

Quel que soit son niveau d'intégration, une entreprise, qu'elle vende des produits ou des services, est confrontée à des problématiques d'achats, de production, de logistique et d'informatique dont seul le fonctionnement harmonieux permet le développement.

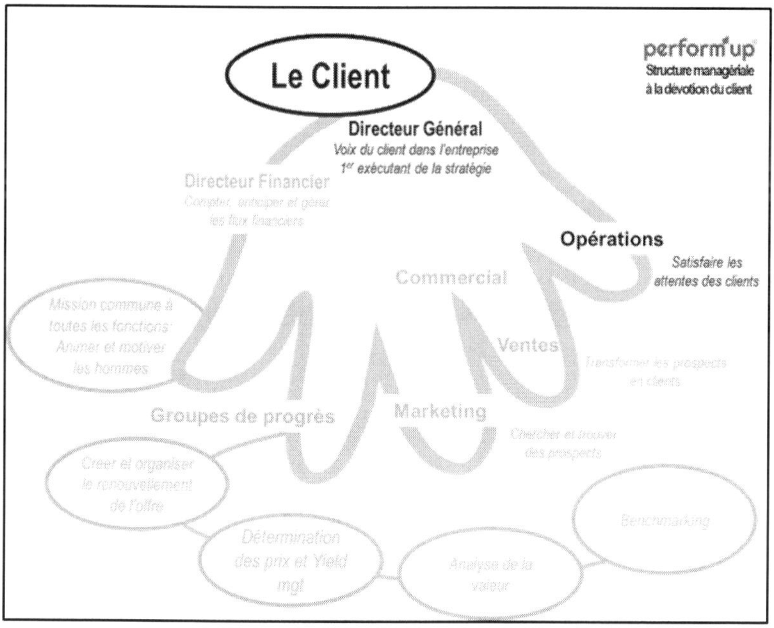

Dans notre système d'organisation associé au management entrepreneurial, totalement orienté vers le client, rappelons que :

- Le marketing cherche et trouve des prospects
- La vente transforme les prospects en client
- L'opérationnel tient les promesses et conserve les clients

Comme le client est la seule raison d'être de toute entreprise, le management entrepreneurial des opérations a pour objectif premier de le satisfaire pour le conserver et de favoriser ainsi l'expression de sa satisfaction par la meilleure des communications qui soit : le bouche à oreille.

Celui qui anime les équipes opérationnelles porte la responsabilité du bon fonctionnement de ce qu'on appelle aujourd'hui la « supply chain » dont la vocation est de traiter l'ensemble des processus et des informations associées en vue de l'approvisionnement, de la détention et de la mise à disposition de l'offre produit/service, de sa conception jusqu'à la satisfaction complète du client après réception et utilisation.

Qu'il traite de flux virtuels ou de flux physiques, le management des opérations est en permanence à la recherche de l'automatisation la plus poussée possible des fonctions qu'il remplit afin de permettre une croissance rapide et une productivité forte, contributive de la rentabilité optimale de l'entreprise. Elle fait aussi de la qualité totale des produits et des services son exigence quotidienne vis-à-vis de ses salariés.

3 grandes fonctions composent le management entrepreneurial opérationnel :

- Achats / Approvisionnements
- Transformation / Production
- Logistique et systèmes d'information

S'y ajoute une dimension propre aux opérations et qui préside à tous les actes qui s'y accomplissent au quotidien : la quête de la qualité totale.

Achats et approvisionnements

Les achats sont une fonction vitale dans toute entreprise qui transforme ou distribue des produits physiques. Le titulaire de la fonction a parfois une telle importance dans de grands groupes, qu'il siège au comité de direction.

Si le chiffre d'affaires est quasiment la seule recette de toute entreprise, les achats constituent, de loin, la première dépense des entreprises commerciales et industrielles. Il n'est pas rare qu'ils représentent 40, 50, 60 voire 80 pour cent du chiffre d'affaires. Il est d'ailleurs surprenant que dans bon nombre d'entreprises le « service Achats » qui gère le premier poste de dépenses soit aussi peu considéré et si souvent doté de ressources humaines médiocres.

Compte tenu du pourcentage élevé que représentent les achats dans le chiffre d'affaires, ce poste est celui sur lequel l'action et la négociation ont la meilleure efficacité, celui sur lequel l'effet de levier est le plus fort. Un point de gagné sur les achats correspond souvent à 5 ou 6 points sur la main d'œuvre, ou au produit net d'une croissance de 10%.

Prenons l'exemple d'une société dont le chiffre d'affaires est composé de 60% d'achats. 10% de réduction du coût d'achat se transforment en 6% de bénéfice net. Cela vaut la peine de s'y atteler.

La politique d'achats fait donc partie intégrante de la stratégie d'une entreprise en croissance. Elaborer une politique d'achats est une question de culture. C'est pourquoi la fonction « Achats » est la seule fonction de service aux autres fonctions qui ne doit jamais être externalisée. Il arrive même, dans certaines entreprises dans lesquelles l'externalisation a été poussée à l'extrême, que la fonction « achats » constitue à elle seule le management des opérations.

Précisons-en d'abord les contours. Chargée de tous les achats de l'entreprise : matières premières, semi-ouvrés et composants, sous-traitance, frais généraux et investissement, son rôle consiste essentiellement à prospecter l'offre existante, à proposer en interne les meilleures sélections et à négocier les meilleures conditions pour l'entreprise, une fois les choix techniques opérés par les autres directions, commerciale, opérations et finances. La fonction « achats » ne décide jamais de rien par elle-même ; elle négocie.

Méthode

Centralisez toujours votre puissance d'achats, tout en décentralisant les commandes, qui sont le résultat d'une sélection technique ou d'un approvisionnement sur stock. En effet, ne nous fourvoyons pas, c'est une des exigences d'une gestion rigoureuse du BFR, il faut impérativement que celui qui prend la décision de faire passer une commande soit aussi celui sur qui pèse la responsabilité du stock. Faute de quoi, jamais vous n'obtiendrez de maîtrise de son niveau, compte tenu de l'évident conflit d'intérêt qu'il y a entre les commerciaux pour lesquels il n'y en jamais assez et les acheteurs pour lesquels il y en a toujours trop, les deux situations étant aussi pénalisantes l'une que l'autre.

Vous distinguerez entre achats d'investissements, achats de frais généraux et achats constitutifs du prix de revient.

Les investissements

Pour ce qui concerne les investissements le rôle du responsable achats est relativement limité. Les choix sont préalablement opérés par le service demandeur qui sélectionne ses besoins selon toute une série de paramètres auxquels les achats n'ont pas forcément accès. Ils sont ensuite validés par la direction financière selon des critères de rentabilité propres à l'entreprise. La valeur ajoutée du responsable achats se limite donc, dans ce cas à la négociation de l'investissement, des incoterms et des conditions associées.

Les frais généraux

Pour ce qui concerne les frais généraux, nous avons déjà passé en revue la liste de ceux qu'il faut impérativement réduire (Cf. page 107). Le responsable achats est et reste l'instrument d'analyse et d'exécution de vos décisions. Mais, au fur et à mesure que l'entreprise croît, les mauvaises habitudes ayant toujours une fâcheuse tendance à revenir, les achats de frais généraux seront organisés et automatisés. Comme ils constituent une valeur ajoutée invendable, des mesures précises et régulières de leur évolution seront inscrites au tableau de bord et analysées.

Les fournisseurs

A l'inverse, pour les achats constitutifs du prix de revient, c'est la relation avec les fournisseurs qui va primer. Un management des achats efficace apporte le plus grand soin à sa relation fournisseurs.

Comme cela est régulièrement fait pour les clients et les produits, il est indispensable de faire régulièrement une analyse du portefeuille existant des fournisseurs et des références.

Foisonnement des références

La recherche des redondances et le classement par hit-parade décroissant des consommations, permettront au service achats de proposer l'élimination d'un certain nombre de références ou d'initier un travail de standardisation permettant d'aboutir à la fusion de références. Ce travail est un préalable à une nouvelle politique d'achats dynamique. Pour l'alléger, les fournisseurs eux-mêmes pourront être mis à contribution. Après tout, ils détiennent des statistiques plus larges, en terme de consommations, que les vôtres.

Prenez cette analyse très au sérieux. Le coût induit du foisonnement se mesure très difficilement mais il est considérable.

Le partenariat fournisseur

Vous sélectionnerez les fournisseurs pour qu'ils vous apportent :

- une compétence,
- une volonté d'engagement,
- des ressources financières,
- une capacité de développement,
- une force d'industrialisation,

et vous retiendrez ceux qui disposent :

- d'une bonne structure financière,
- d'un système de qualité validé par des certifications,
- des capacités de recherche et développement,
- d'un bon système logistique,

- d'une présence à l'international,
- d'un programme volontaire d'amélioration de la productivité.

Le choix des fournisseurs, pour qu'une véritable relation de partenariat puisse se nouer, est capital. Ils doivent partager vos objectifs de réduction des coûts, participer activement à votre plan de développement et s'être donné la peine de bien connaître votre entreprise et ses besoins. Ils ne vous livrent pas que des produits ou des prestations, ils vous apportent des solutions. Ils doivent, aussi, prendre totalement en charge votre logistique amont et aval. Dès vos premières rencontres avec eux, vous vérifierez la nature de la relation fournisseur-client que vous pouvez construire et mesurerez leur degré de coopération probable ainsi que leur adhésion à votre stratégie.

C'est pourquoi vous serez inéluctablement conduit à limiter le nombre des fournisseurs. Les vieilles techniques d'achats qui privilégiaient une distribution des commandes d'un même article à plusieurs fournisseurs « par sécurité » n'ont plus cours aujourd'hui. Vous êtes contraint d'éliminer les marges de sécurité : le client n'accepte pas de payer pour quelque chose qu'il ne voit pas.

Le plus flagrant exemple de cette politique est McDonald's. Depuis plus de soixante ans, McDonald's référence un fournisseur de cola et un seul dans le monde : Coca Cola. Pepsico a essayé des dizaines de fois d'obtenir une part de marché mais s'est heurté à un mur. McDonald's n'est pas disposé à référencer deux marques parce qu'il veut maintenir une logistique fluide. Comme en plus McDonald's est fidèle et que Coca Cola sait rester compétitif, rien ne change, pour l'instant.

Avoir un nombre réduit de fournisseurs-partenaires ne limite pas la capacité de négociation, bien au contraire. Le temps que vous auriez pu perdre à gérer les achats auprès de multiples fournisseurs, vous allez le consacrer à élargir votre horizon de consultation dans le monde entier et vous enrichir ainsi des informations qui amélioreront votre connaissance de l'offre et votre capacité de négociation. De cette façon vous transformerez votre recherche des meilleurs prix dans le monde en logique de valeur ajoutée. Un nombre limité de fournisseurs-partenaires n'entravera d'ailleurs en rien votre capacité de négociation qui doit rester forte et exigeante.

Comme pour les autres directions de l'entreprise, la mesure de la performance « achats » se fait au travers d'objectifs simples et de normes de progrès. Vous vous informerez de la façon dont les représentants de vos fournisseurs sont rémunérés car cela peut influencer la qualité du partenariat. Vous vérifierez également comment sont intégrées les marges de sécurité dans les prix qui vous sont offerts. Entre les vôtres et celles de vos fournisseurs, peut-être y-a-t-il des redondances. Une dernière recommandation : si les déjeuners d'affaires offerts par les fournisseurs n'ont, en France, jamais fait de mal à personne, bannissez les cadeaux d'affaires somptueux. La marge entre l'acceptable et la concussion est trop floue pour qu'on puisse laisser se rompre le lien de confiance.

Innovation et achats

Par l'intermédiaire du groupe de progrès stratégique en charge de la modification et du renouvellement de votre offre, vous solliciterez le service achats dès la genèse de tout nouveau projet. Le graphique ci-après démontre que, plus tôt on intègre les achats dans le processus, dès la formalisation de l'expression du besoin, plus grande est leur efficacité en terme de réduction des coûts prévisionnels. Soignez cette fonction, elle vous fera atteindre vos objectifs d'autant plus vite qu'elle sera précisément informée de ce qu'on attend d'elle.

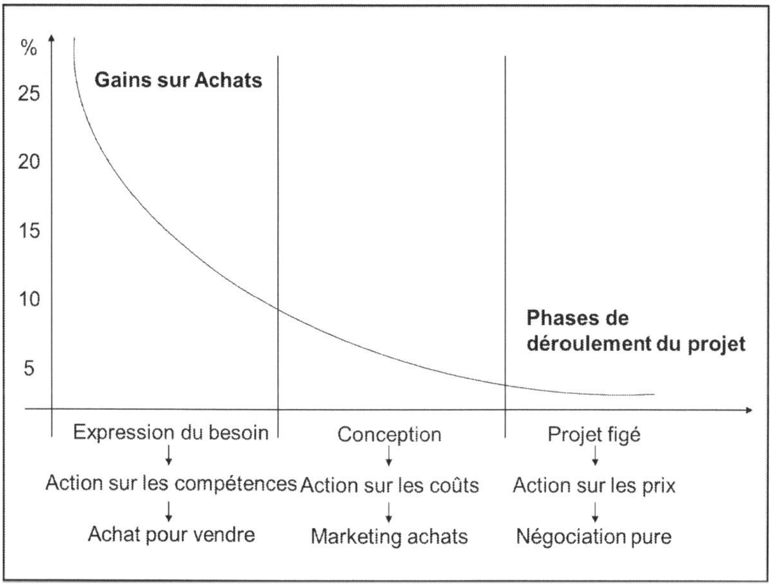

Transformation / Production

Longtemps considérée comme le cœur de l'entreprise, la fonction de production allait de soi : c'était l'entreprise. Puis sont nées les entreprises à marques fortes, sans usine. Aujourd'hui avec l'émergence de la satisfaction du client comme priorité numéro un, la production retrouve une place plus claire à côté des autres fonctions : elle est un levier majeur que l'on utilise pour prendre des positions sur le marché.

Le profond mouvement d'externalisation et de délocalisation, qui faisait d'elle une fonction-croupion est terminée. *Serge Tchuruk, alors patron d'Alcatel n'avait-il pas profondément choqué, en 2001, en affirmant qu'il voulait faire de son groupe une entreprise sans usine.*

De récents avatars, mis en lumière au cours de l'année 2007, comme la découverte d'impensables problèmes de qualité dans les jouets imaginés par de grands groupes mondiaux, ont démontré que l'importance des normes de sécurité occidentales n'était pas forcément bien assimilée par les sous-traitants Chinois. Les campagnes de retrait, d'un coût exorbitant sur le plan financier comme sur le plan de l'image, se sont chargées de rappeler aux directions de ces groupes que si la production pouvait dans certains cas être délocalisée, les méthodes, le contrôle, le suivi-qualité n'en étaient que plus cruciaux.

La production doit donc, aujourd'hui, être comprise comme un outil au service d'une stratégie. C'est la fonction qui gère les flux physiques, de l'origine des produits ou des services jusqu'au client. Elle contribue donc, de façon significative au gain d'avantages compétitifs et s'évalue au travers d'un ensemble de facteurs en phase avec les attentes du client : améliorations et innovations techniques, réduction des coûts, qualité, rapidité, souplesse et fiabilité.

D'ailleurs, quand on parle de production, on pense aujourd'hui aussi bien à l'hôpital qui administre des soins, à la banque qui finance un investissement, à la SSII qui développe de nouveaux progiciels ou à un restaurant qui prépare des repas, qu'à un atelier qui coupe et coud des vêtements ou à une usine qui fabrique des vélos.

Que la main d'œuvre directe ou indirecte soit employée au sein de votre entreprise ou qu'elle soit externalisée en France ou encore à l'étranger, vous ne pouvez pas vous passer d'assumer cette fonction, sauf à accepter de n'être qu'un commissionnaire sans réelle capacité d'action. On est aujourd'hui passé de la gestion de production à la gestion de conception et même lorsque la production n'est plus intégrée, la fonction doit rester parce qu'elle est un facteur de progrès :

« Trop sous-traiter, c'est peut-être abandonner les moyens de se battre, même si chaque sous-traitance, prise individuellement est parfaitement justifiée » [1]

La production sert aussi à évaluer le meilleur choix pour l'entreprise toute entière en répondant régulièrement et précisément à la question permanente « make or buy » ?

Son champ d'action est donc vaste et va largement au-delà de la définition qu'on en faisait il y a une quinzaine d'années encore.

En particulier, elle a, dans ses objectifs, l'amélioration de la productivité

Tout le monde a tendance à oublier, lorsqu'on parle de croissance, qu'en réalité, on parle d'amélioration de la productivité. Les salariés, souvent, ne comprennent pas que leurs augmentations de rémunération, au-delà de l'inflation, ne peuvent être financées que par une productivité en hausse. C'est l'extraordinaire erreur – gâchis devrait-on dire – des 35 heures que de n'avoir pas intégré ce paramètre. Nous mettrons, en France, des dizaines d'années à nous en remettre. Quand, dans une entreprise, l'amélioration de la productivité n'est pas la discipline de base, son avenir devient incertain. La notion d'amélioration permanente de la productivité doit devenir une véritable culture de l'entreprise et l'essentiel des systèmes d'intéressement doit s'y référer. Soyez très attentif au discours que vous entendrez de la part des gens que vous interrogerez sur ce point, il en va du succès de vos projets.
Les syndicats, défenseurs de théories aujourd'hui largement dépassées, entretiennent au sujet de la productivité une grande

[1] Outsourcing and Industrial decline, R.A.Bettis, S.P. Bradley, G. Hamel – The Academy of Management Executive

méfiance qu'ils font partager aux salariés. Dans le langage courant, c'est travailler plus, ce qui est aujourd'hui faux. Les mesures de la productivité font désormais appel à des techniques beaucoup plus complexes, les spécialistes étant parfaitement conscients des limites physiques du corps ou du cerveau humain et ayant intégré dans leur réflexion, l'ergonomie et les conditions dans lesquelles s'effectue un travail, intellectuel ou manuel.

La seule productivité qui compte est la productivité économique, c'est-à-dire la rentabilité

Tout, aujourd'hui, est productivité. La vieille définition, exclusivement orientée sur la production, s'exprimait en minutes et en heures nécessaires pour fabriquer un produit ou rendre un service. Son amélioration était obtenue par l'accroissement des cadences, l'organisation, les investissements permettant de réduire le temps affecté, etc. On utilisait, d'ailleurs, des chronométreurs, véritables bêtes noires des ouvriers. De nos jours, considérant que les techniques d'évaluation des temps et de construction des prix de revient sont bien maîtrisées, l'obsession de la productivité est devenue l'obsession du rapport par € dépensé, c'est-à-dire la productivité économique ou la rentabilité. Quand, au début du siècle dernier, l'intégration était la règle de l'industrie, la main d'œuvre constituait 80 % du prix d'un produit. La productivité horaire était alors le critère de référence. Au XXIème siècle, dans les pays développés ce n'est plus le cas. D'abord, l'intégration est beaucoup plus faible qu'auparavant et l'arrivée d'autres facteurs de coûts, comme le marketing, en particulier, ont réduit la part relative de la main d'œuvre. Mais, surtout, avec la soif d'évolution des pays émergents, quand un produit incorpore plus de 20 % de main d'œuvre dans son prix de vente, il y a fort à parier qu'il est ou sera rapidement délocalisé. La mesure de la productivité a donc évolué et son champ d'application couvre désormais toutes les activités et tous les secteurs de l'entreprise. Elle se mesure maintenant en argent beaucoup plus qu'en temps.

Les efforts d'amélioration de la productivité doivent porter sur tous les facteurs disponibles: organisation, motivation, automatisation, formation

Toutes les dépenses d'une entreprise, et non plus seulement la main d'œuvre, doivent faire l'objet de mesures de productivité. Toutefois, les efforts de productivité résultent de facteurs divers qui peuvent l'améliorer ou, au contraire, la dégrader. L'exemple le plus flagrant est la mauvaise organisation : on sait aujourd'hui que le sureffectif est non seulement synonyme de surcoût mais a pour effet secondaire de ralentir le travail effectué, les salariés en sous-charge occupant leur temps à distraire ceux qui travaillent normalement. Si l'insuffisance d'investissements ou de formation sont assez faciles à assimiler comme facteurs de non-productivité, l'absence de motivation est dévastatrice, surtout lorsqu'elle est générée par la peur. Dans une entreprise en difficulté, quand un carnet de commandes à très court terme fait craindre à tous des lendemains difficiles, il est fréquent que les ouvriers de production ralentissent inconsciemment leur rythme de travail, de peur de se trouver en rupture d'activité.

Productivité à tous les niveaux

Le terme de productivité s'entend ici au sens de l'efficacité et de la rentabilité. Si la mesure des temps reste une méthode encore très employée, la nouvelle organisation de la production, mélange d'activités internes et de sous-traitance la rend de moins en moins pertinente. Il est d'ailleurs clair, aujourd'hui, que ce n'est plus la mesure de la productivité qui améliore la productivité. Ce sont des outils de mesure économique qui valident les décisions de progrès.

Au service direct du client, comme les autres fonctions de l'entreprise, c'est désormais sur les besoins et non plus sur des plans que repose un programme de production. C'est pourquoi la logistique, devenue « supply chain » est totalement intégrée au processus. Gérer les flux physiques de l'amont à l'aval, la transformation intermédiaire étant l'une des séquences du flux, est le nouveau rôle de la production.

La première victime de cette révolution est la production par lot. Ce système de production, qui remonte au début du siècle dernier, présentait l'avantage de fabriquer à un prix très économique, des produits que le client devait commander avec de longs délais de livraison, ce qui permettait à la production de s'organiser. Comme aujourd'hui le client ne veut plus attendre et qu'il exige, dans le même temps, un produit de plus en plus personnalisé, tout système géré par lots créé obligatoirement une accumulation d'obstacles qui ralentissent l'organisation toute entière. Il signifie aussi qu'aucun client ne pourra être satisfait tant que l'ensemble des clients ne le sera pas. S'il y a erreur, le lot ne sera contrôlé qu'au moment de son utilisation ce qui, en cas de stocks intermédiaires peut durer plusieurs mois. La productivité apparente qui résulte de la production par lots cache donc de multiples gaspillages.

Il se peut toutefois que certains produits exigent encore une production par lots. Ce sont souvent des produits banalisés et peu coûteux, des produits de masse. Soyez vigilant sur les stocks. Dès qu'ils dépassent quelques jours vous êtes en danger : péremption, saisonnalité, obsolescence, les risques sont innombrables.

Un système de production repose aujourd'hui uniquement sur les besoins-clients. L'inventeur de ce concept de production, Taiichi Ohno, est à l'origine du fantastique succès de Toyota. Depuis 1945, cette société, aujourd'hui premier constructeur mondial d'automobiles, pratique l'élimination totale des gaspillages, la production « juste-à-temps » et « l'auto-activation » avec le succès qu'on connaît.

- Sous-traitez toutes les applications qui ne sont pas vitales et qui ne maintiendront pas de savoir-faire particulier dans l'entreprise. Personne n'imagine plus être propriétaire d'une flotte de camions, par exemple, pour faire ses transports ou encore d'un réseau de télétransmission privé. Mais pensez aussi à remettre en cause vos modes de stockage ou la gestion des flux amont et aval de votre transformation, ils sont souvent externalisables à bon compte.

- Mettez en œuvre :

    - Le principe d' « order to delivery »: ce sont les commandes qui font le programme de production et non des plans. La production est ainsi tirée par les commandes.
    - Le « juste à temps » : pas de stocks de produits finis, pas de stocks intermédiaires. La gestion de production anticipe les besoins clients.
    - Des mesures temporelles de flux, du nombre de postes par lequel transite le produit – moins il y en a, mieux cela vaut – et du nombre de mètres qu'il parcourt dans vos locaux. Réduisez les nombres, accélérez les flux.

L'exemple sans doute le plus impressionnant de l'application de ces méthodes, au cours des 30 dernières années, est certainement celui de Dell Computers. Même si l'entreprise connaît aujourd'hui une baisse de régime due surtout à sa politique de vente directe au consommateur, il n'en reste pas moins que Michaël Dell, parti de Zéro en 1984, en a fait un leader du PC, bousculant au passage la toute puissante IBM et réalisant, en 2012, 62 milliards de dollars de chiffre d'affaires en partant d'une idée simple : vendre directement à un consommateur un PC sur mesure qu'il a lui-même composé dans un délai réduit : en général moins de 72 heures. Aucune autre technique de production n'aurait pu lui permettre cette croissance extraordinaire.

Evidemment lorsque la production est exclusivement tirée par le client, il faut s'attendre à devoir absorber des hauts et des bas. Il vous faudra convaincre le personnel de l'intérêt de l'emploi de ces méthodes et obtenir flexibilité des horaires et réactivité dans leur planification. Les entreprises ont l'obligation de privilégier la satisfaction du client ; le confort du personnel vient après.

En amont et en aval de la production, les méthodes doivent être en harmonie. Les approvisionnements et leur acheminement entrent dans le circuit et subissent les mêmes contraintes. Le délai de sortie d'un produit peut ainsi directement dépendre du composant dont le délai d'approvisionnement est le plus long. D'où l'absolue nécessité de nouer avec les fournisseurs des liens étroits matérialisés par des connexions informatiques ouvertes (EDI ou Internet).

Pour anticiper la demande client, il est indispensable d'avoir la connaissance instantanée et détaillée des ventes, d'abord. Lors de la livraison, le circuit sera validé jusqu'à la prise de possession du produit et du service par le client final et l'expression de sa satisfaction ou non.

C'est en prenant l'ensemble de ces données en compte que l'on obtient une vraie productivité : livraison en temps et en heure du produit choisi par le client, sans stock de produits finis ni intermédiaires représente une amélioration de votre productivité sans commune mesure avec une réduction aléatoire des temps généralement obtenue par la menace et la coercition. C'est donc à ces techniques nouvelles que vous consacrerez la matière grise du mangement des opérations.

Les efforts de productivité doivent aussi porter sur les activités administratives et intellectuelles

Pour les activités administratives, il est assez facile d'imaginer les ressorts de la productivité : ressources humaines et production de papier minimales ! C'est en gardant toujours présent à l'esprit que l'objectif d'une entreprise est d'abord de vendre et éventuellement de produire, qu'il faut se pencher sur les dépenses qualifiées, à juste titre, d'improductives. On ciblera, dans ce domaine également, les grosses dépenses en priorité. Fournir de bonnes informations pour améliorer la gestion est important ; remplir ses obligations fiscales est nécessaire ; mais se faire plaisir avec des statistiques inutiles n'est ni l'un ni l'autre. Mesurez précisément les dépenses nécessaires à contrôler l'activité et supprimez les autres. L'analyse est facile et les décisions à prendre aisées au plan administratif.

Au plan intellectuel, par contre, comment mesurer, par exemple, l'utilité d'un département « Recherche et Développement ». C'est, effectivement, le fond du problème : a-t-on vraiment la possibilité de distinguer les dépenses indispensables au devenir de l'entreprise de celles qui ne le sont pas ? Il n'y a pas de réponses toute faites ; selon les métiers, les marchés et la position concurrentielle de l'entreprise, la conclusion sera très différente. Mais l'important est de se poser la question et de remettre en cause, dans ce domaine également, l'ordre établi. C'est pourquoi notre concept de management entrepreneurial recommande la constitution de groupes de progrès stratégiques pour assurer le renouvellement de l'offre et l'innovation, dans un aller-retour permanent avec le client.

Lancez périodiquement une opération de remise à plat des frais généraux (analyse de la valeur administrative, budget base zéro etc...) ?

Toutes les dépenses doivent être passées, systématiquement et régulièrement, au crible. Le point mort, une fois déterminé, doit faire l'objet d'une action permanente destinée à l'abaisser. Le rôle du chef d'entreprise est, ici aussi, déterminant. S'il réussit à en faire un jeu, à faire de l'avarice une règle en matière de dépense, à faire de l'abaissement du point mort un facteur déclenchant d'intéressement du personnel, il emmènera ses troupes au succès. Attention, toutefois, aux excès ! Ce n'est pas faire moins de publicité, par exemple, qui sera forcément bon pour l'entreprise, mais c'est, dans une campagne, d'obtenir à moindre prix les moyens nécessaires. Ne confondons pas économie ou réduction de frais avec suppression de sources de création de valeur. Il y a des économies qui peuvent coûter cher.

Mettez systématiquement à contribution tous les employés pour identifier les sources éventuelles d'économie

Voilà un point crucial dans la chasse aux coûts inutiles. Qui sait le mieux où et comment se gaspille l'argent ? Celles ou ceux qui le dépensent ou observent comment il se dépense. Curieusement, alors que, dans leur vie personnelle, la plupart des gens sont parcimonieux, dans leur vie professionnelle, parce que ce n'est pas leur argent, ils deviennent munificents. Untel, qui pour ses vacances, aime les voyages, se rend en classe économique à l'autre bout du monde afin de satisfaire ainsi sa curiosité, mais exige, quand il s'agit d'un déplacement professionnel, de voler en classe « affaires ». Tel autre prend le métro pour aller et venir à son bureau mais, se rend à ses rendez-vous professionnels en taxi. Ces exemples, volontairement caricaturaux, sont connus de tous les membres du personnel. Comment voulez-vous, alors, leur demander d'éteindre la lumière quand ils sortent de leur bureau ou de leur atelier. Dans les petites économies, comme dans les grands projets, seule la cohérence permet d'obtenir de vrais résultats. Quand l'ensemble du personnel a compris qu'en faisant attention aux petites comme aux grandes dépenses, il en est le bénéficiaire direct, les niches d'économies sont vite identifiées et dénoncées.

Make or buy

Il faut aussi se poser cette question en permanence : « make or buy » ? Dans le mouvement extraordinairement puissant de délocalisation des activités industrielles, des pays nantis vers les plus pauvres, il faut, une fois pour toute, éviter d'adopter une position de principe, dans un sens ou dans l'autre : l'intégration dans son marché proche ou l'externalisation dans des pays à bas coût de main d'œuvre.

Quelle que soit votre décision, vous serez vilipendé par l'opinion publique. *Il y a quinze ans, on a lynché médiatiquement Emile Veron, le propriétaire des voitures-miniatures Majorette pour n'avoir pas, par patriotisme désuet, voulu délocaliser, entraînant ainsi la liquidation de son entreprise et le licenciement de cinq cents personnes. A l'inverse plus récemment, c'est Nokia qu'on a trainé dans la boue pour avoir décidé de transférer les activités de son usine de Bochum, en Allemagne, vers la Roumanie, entrainant ainsi la suppression de 2000 emplois directs et sans doute 2000 indirects.*

Malgré cette forte exposition aux critiques, vous ne pouvez pas vous exonérer de prendre les bonnes décisions. Attention toutefois, à ne pas adopter de position « tout ou rien ». Votre analyse prendra en compte :

1. **La comparaison des prix " vrais "**

Vous ne pouvez pas comparer un prix de revient interne avec un prix d'achat externe, même en y rajoutant les incoterms. Vous devez aussi incorporer tous les frais supplémentaires directs et indirects nés de l'externalisation : frais de crédit-documentaire, mais aussi le temps pour les établir et les contrôler, frais de transports et droits de douane sans oublier le temps passé en commande, suivi et contrôle etc....Mesurez aussi les délais et les risques nés de commandes fermes, par lot, qui génèrent souvent des surstocks. Les meilleurs experts considèrent aujourd'hui qu'entre le prix de revient d'un produit acheté en Chine et celui d'un produit fabriqué chez soi, seul un écart supérieur à 30 pour cent en faveur du produit Chinois commence à présenter de l'intérêt.

2. La comparaison des potentiels

Une décision d'externalisation, même partielle, est une décision qui engage pour le long terme. Il est donc nécessaire de prendre en compte les évolutions probables sur des périodes de 4 à 8 ans : évolution des monnaies et horizons de couverture, évolution des coûts de transport et disponibilité, évolution politique et risques, évolution de la législation locale, etc…

3. La dépendance

Mesurez bien votre degré d'indépendance. Si vous avez totalement externalisé votre production, la défaillance, même temporaire, d'un sous-traitant met-elle en cause votre business dans sa globalité ? Quelle part de votre chiffre d'affaires acceptez-vous de rendre dépendante de facteurs que vous ne maîtrisez pas ?

Il y a 5 ans, j'écrivais, dans « Restructurer l'entreprise : 5 semaines d'observation , 8 mois d'action » qu'il était intéressant, sur ce sujet, de réfléchir à l'évolution future de deux exemples opposés, tous deux des réussites dans le domaine du prêt-à-porter :

« H & M est une société suédoise, d'environ 6,8 milliards d'euro de chiffre d'affaires avec une rentabilité courante de près de 20 pour cent pour un peu plus de 1500 magasins. H & M n'a aucune usine en propre et sous-traite absolument tous ses produits. Inditex, dont Zara est la marque porte-drapeau, réalise environ 8,2 milliards d'euro avec 3500 magasins et une rentabilité courante d'un peu plus de 16 pour cent, moins que H & M mais tout aussi remarquable pour le secteur en général. Inditex a choisi d'externaliser matières brutes et première transformation, mais assemble et finit ses produits dans ses propres usines, ce qui lui donne une flexibilité accrue, en terme de renouvellement de collection et une réactivité reconnue. Apparemment cette formule aurait donc un coût supérieur puisque son résultat opérationnel est un peu moins bon que celui d'H & M. Il faut relativiser : Inditex est engagée dans une politique de développement de plusieurs marques complémentaires qui doivent certainement peser (Zara ne représente que 1100 magasins sur les 3500 du groupe). Mais, au sein d'un même secteur d'activité, il est aussi prouvé que deux politiques radicalement différentes peuvent donner des résultats très proches. Qu'en sera-t-il dans 10 ans ? Personne ne peut aujourd'hui y répondre. »

Nous avons une amorce de réponse aujourd'hui.

Inditex déclare, pour 2013, un chiffre d'affaires de 16,7 Milliards d'€ et dégage un ebitda de 3,0 Milliards d'€ soit

23,3% et H & M un chiffre d'affaires de 11,8 Milliards d'€ avec un ebitda de 2,4 Milliards d'€ soit 20,4%. Il semble donc qu'Inditex, avec une croissance supérieure sur la période et un taux d'excédent brut d'exploitation très largement supérieur à celui de H & M sorte gagnant de cette compétition. Mais H & M présente toujours des résultats flatteurs, intrinsèquement.

Restez donc serein, vous avez le temps de mûrir vos réflexions ; n'écoutez ni les ayatollahs de l'intégration ni ceux de la délocalisation. Avancez dans le choix que vous aurez fait par touches régulières et occupez-vous de la satisfaction du client depuis votre usine ou celles de vos sous-traitants.

Innovation et technologie

Le rôle de la fonction production en matière de nouveaux produits est capital. Il complète, en l'élargissant aux matériaux et aux processus, la démarche de la fonction marketing. La production doit proposer régulièrement des innovations, sans pour autant négliger les rénovations au moins aussi importantes. Elle doit être une adepte appliquée de la tactique des dominos : pour aller dans l'inconnu, on part toujours du connu. Dans le processus de lancement des nouveaux produits ou des nouveaux services, la contribution de la production sera donc de :

- savoir d'abord chiffrer précisément tout nouveau développement
- être capable d'innover en matière de processus, condition indispensable pour innover en matière de produits. On constate ainsi aux Etats-Unis, une inflation des dépôts de brevets sur processus de production. Ils se révèlent souvent plus efficaces contre les imitateurs que la seule protection du produit.

- se maintenir à un niveau de connaissance exhaustif quant aux matériaux employables ou potentiellement employables.
- être capable de matérialiser rapidement un simple projet en un produit générateur de chiffre d'affaires.
- développer des méthodes de fabrication internes et externes qui minimisent l'investissement initial mais dégagent une forte productivité dès le début de la phase de commercialisation.

La maîtrise de ces éléments, quelle que soit la politique d'intégration de l'entreprise permet de maintenir intacte la connaissance exhaustive du cycle de développement des produits ; c'est un avantage concurrentiel indéniable.

Logistique et Systèmes d'information

La logistique de l'entreprise recouvre les actions d'organisation des flux internes et externes. Pour ce qui est des premiers, en fonction des besoins manifestés, des contraintes des fournisseurs et des moyens dont dispose l'entreprise (hommes et moyens matériels), la logistique comprend l'organisation des flux entre ses différents sites et intègre l'achat, le stockage, la production , la distribution, le transport et la commercialisation.

La gestion des flux externes concerne l'organisation des flux entre l'entreprise, ses fournisseurs et ses clients. Pour tous ces flux, il est possible d'informatiser ce qu'il est convenu d'appeler aujourd'hui la « supply chain ». Ces solutions informatisées peuvent, notamment, prendre en charge la gestion des commandes ou AOM (Advanced Order Management). Le traitement de commandes est alors totalement personnalisable en fonction de règles définies par l'entreprise: livraison directe fournisseur ou livraison depuis un entrepôt du système logistique en place.

Le deuxième pan logistique susceptible d'être informatisé est le WMS (Warehouse Management System) qui permet de réduire les délais de traitement des flux entrants et sortants de l'entrepôt en planifiant les réceptions ou en anticipant des réceptions fournisseurs, etc.

Enfin, avec le TMS (Transport Management System), vous parviendrez à réduire les coûts et délais du transport, par une optimisation des circuits et systèmes de distribution.

Un ERP fiable

C'est tout l'état d'esprit d'une entreprise qui apparaît lorsqu'on parle de nouvelles technologies. Le passage d'une informatique d'entreprise, qui, jusque dans les années 90, était exclusivement confiée à des spécialistes qui entretenaient volontiers le mystère par un langage ésotérique, au tout numérique qui domine depuis le début des années 2000, représente un bouleversement qui a laissé nombre de chefs d'entreprises, et avec eux beaucoup de cadres dans leur cinquantaine à l'époque, sur le bas-côté, et leur entreprise avec. Si la direction n'a pas pris le virage des nouvelles technologies, il y a peu de chance que l'entreprise l'ait pris toute seule et, il y a fort à parier que l'usage des PC y relève de la machine à écrire améliorée. L'attitude frileuse d'une entreprise vis-à-vis des nouvelles technologies l'empêche aussi de bien utiliser les multiples possibilités d'Internet, tant dans l'acquisition du savoir que dans la communication et la diffusion de ses réalisations. L'ouverture aux nouvelles technologies, enfin, doit être considérée comme un signe d'ouverture de l'entreprise, en général, et la manifestation de sa faculté à accueillir les évolutions extérieures.

C'est pourquoi, vous veillerez à disposer d'un bon ERP (Enterprise Resource Planning), qui signifie littéralement en anglais, « planification des ressources de l'entreprise », et se traduit en français par « progiciel de gestion intégré ». Ce type de logiciel correspond, pour une organisation, au support de base capable d'assurer une gestion intégrée, définie comme étant l'interconnexion et l'intégration de l'ensemble des fonctions de l'entreprise dans un système informatique centralisé (et généralement configuré selon le mode client-serveur), capable de vous donner la maîtrise de l'ensemble des données produites par l'entreprise et ainsi pourvoir la piloter en toute connaissance de cause.

Toute l'information y est intégrée. La comptabilité, le contrôle de gestion, bien sûr, mais surtout la gestion commerciale, la gestion de production et la logistique.

La comptabilité, d'abord. Il est indispensable qu'elle soit le plus simple possible, pour satisfaire aux règles légales, fiscales et sociales et bien sûr, qu'elle permette d'alimenter le système d'information de l'entreprise.

Il est peut-être prétentieux de vouloir généraliser et de simplifier à l'extrême, mais je pense que tout système d'information exhaustif doit avoir pour base le code-article, le code-client et le code-comptable, toute construction de gestion se faisant ensuite autour de ces codes par addition et/ou consolidation afin de croiser les informations de façon cohérente.

L'informatisation par le biais d'un ERP efficace fait partie de la conduite du changement au sein d'une entreprise. Cette étape doit donc être une source de réflexion : pertinence des méthodes actuelles, orientation à court et à long terme. Une fois les fonctionnalités souhaitées recensées, il est indispensable de se projeter dans l'avenir. La mise en place d'un logiciel de gestion doit répondre à vos attentes d'aujourd'hui mais aussi et surtout à celles de demain.

L'informatisation réussie est celle qui ne fait pas perdre de temps dans l'apprentissage du logiciel et qui ne demande pas de configurations complexes.

Cette informatisation doit intervenir aussi bien en back- office qu'en front-office. Reporting, alertes, gestion des tâches et des ressources humaines, gestion de la relation client, fidélisation...Chaque élément doit fonctionner comme une brique indépendante mais connectée à toutes les autres. Mais informatiser de façon interactive une PME peut être un vrai casse-tête. Tout dépend de son stade de croissance, de son organisation interne et des budgets disponibles.

Pour la relation client, un bon CRM

Le client est l'unique source de revenus pour les entreprises. Or, avec le changement de l'économie dû notamment à l'intégration des nouvelles technologies dans les relations client-entreprise, la concurrence devient de plus en plus serrée et les clients peuvent ainsi désormais se permettre de choisir leur fournisseur ou d'en changer par un simple clic. Les critères de choix des clients sont notamment des critères financiers, de réactivité de l'entreprise mais également des critères purement affectifs (besoin de reconnaissance, besoin d'être écoutés, ...).

Ainsi dans un monde de plus en plus concurrentiel, les entreprises souhaitant augmenter leurs bénéfices ont, nous l'avons vu, plusieurs alternatives :

- Augmenter la marge sur chaque client,
- Augmenter le nombre de clients,

- Augmenter le cycle de vie du client, c'est-à-dire le fidéliser.

Les nouvelles technologies permettent aux entreprises de mieux connaître leur clientèle et de gagner leur fidélité en utilisant les informations les concernant de telle manière à mieux cerner leurs besoins et donc de mieux y répondre.

Il est avéré que fidéliser un client coûte 5 fois moins cher que d'en prospecter un nouveau. C'est pourquoi un grand nombre d'entreprises orientent leur stratégie autour des services proposés à leurs clients.

Le CRM (Customer Relationship Management) vise à proposer des solutions technologiques permettant de renforcer la communication entre l'entreprise et ses clients afin d'améliorer la relation avec la clientèle en automatisant les différentes composantes de la relation client :

- L'avant-vente : il s'agit du marketing, consistant à étudier le marché, c'est-à-dire les besoins des clients, et à démarcher les prospects. L'analyse des informations collectées sur le client permet à l'entreprise de revoir sa gamme de produits afin de répondre plus précisément à ses attentes. L'Enterprise Marketing Automation (EMA) permet ainsi d'automatiser les campagnes marketing.
- La vente : L'Automatisation des forces de ventes (Sales Forces Automation, SFA), consiste à fournir des outils de pilotage aux commerciaux afin de les assister dans leurs démarches de prospection (gestion des prises de contact, des rendez-vous, des relances, mais aussi aide à l'élaboration de propositions commerciales).
- La gestion du service clientèle : le client aime se sentir connu et reconnu de l'entreprise et ne supporte pas devoir

récapituler, à chaque prise de contact, l'historique de sa relation à l'entreprise.

- L'après-vente, consistant à fournir une assistance au client notamment via la mise en place de centres d'appel (appelés généralement Call centers, Help Desk ou Hot-Line) et via la mise en ligne d'informations de support technique.

L'objet du CRM est d'être plus à l'écoute du client afin de répondre à ses besoins et de le fidéliser. Un projet de CRM consiste donc à permettre à chaque secteur de l'entreprise d'accéder au système d'information pour être en mesure d'améliorer la connaissance du client et lui fournir des produits ou services répondant au mieux à ses attentes.

Intégration du CRM dans l'entreprise

Gains en efficacité, en productivité, optimisation des interactions entre les services sont les avantages d'un bon CRM. Les fluctuations des marchés, de la concurrence, de l'activité même de l'entreprise sont permanentes. Or, le CRM est un outil qui doit être en mesure de s'adapter aux nouveaux besoins. Le piège le plus fréquent, c'est de trop en vouloir tout de suite. Il faut savoir insuffler l'énergie suffisante pour amorcer le projet, puis s'ajuster peu à peu aux besoins des utilisateurs. Ensuite, il ne faut jamais perdre de vue le côté pratique du CRM. Enfin, il n'est pas judicieux de penser de manière trop globale car tous les services de l'entreprise ne perçoivent pas le CRM de la même manière.

Les bénéfices que l'entreprise peut tirer du déploiement d'un outil CRM ne manquent pas. Ce dernier n'est pas l'apanage des seuls grands comptes d'autant plus qu'il est intégré dans tout bon ERP. Les PME bien sûr mais les TPE elles aussi, peuvent désormais envisager d'intégrer un CRM. Les éditeurs et les intégrateurs sont là pour répondre à toutes les questions, à tous les besoins, mêmes les plus spécifiques. Si l'entreprise a tout intérêt aujourd'hui à faire jouer la concurrence pour obtenir les meilleures prestations au meilleur prix, tout projet CRM commence par une phase de cadrage. Celle-ci permet de définir quel est le cœur de l'activité, ce que l'on veut obtenir et quel moyen on est prêt à mobiliser pour y parvenir. Cette phase d'analyse est cruciale car les processus clients sont susceptibles d'évoluer en permanence.

Le lean management

Chasse aux gaspillages, réduction des délais, optimisation de la qualité, le lean management représente un gisement de performances formidable pour les entreprises. C'est un outil sans égal au service du management des opérations dans le sens où il combine : frugalité, efficacité et qualité.

Le lean management ne se cantonne plus seulement aux ateliers de production. S'il a, par le passé, plutôt fait écho à l'industrie et au manufacturing, il s'étend désormais à tous les secteurs et à toutes les fonctions.

La révolution du lean management se situe à 3 niveaux :

- Dans les critères d'appréciation de la performance, grâce à l'approche originale proposée par les IPP (Indicateurs Physiques de Performance),
- Dans les modes de fonctionnement opérationnels de l'entreprise, par les nouvelles formes d'organisation du travail mises en place, la logique de transversalité qui sous-tend le lean et les pratiques nouvelles de management des équipes. Les programmes de lean management peuvent intégrer une vision stratégique plus ambitieuse parce qu'ils intègrent toute la chaîne de

valeur, des fournisseurs aux clients finaux, en changeant les comportements en profondeur et en tirant parti des nouvelles technologies comme le Big Data, par exemple.

- Dans la relation de l'homme au travail, par le souci premier de la sécurité des personnes, par le respect des collaborateurs et le déploiement de l'intelligence collective.

Le lean est une révolution aussi importante que celle du taylorisme il y a 2 siècles. Il contient les ferments d'une transformation en profondeur du management.

Son bénéfice repose sur 7 clés

1. Le client au cœur et les salariés au centre de l'entreprise,

2. Un management entrepreneurial exemplaire qui considère sa mission comme étant au service de ses collaborateurs,

3. Des compagnons formés, qualifiés, respectés qui ont l'espace et le temps pour participer activement à tous les projets d'amélioration qui touchent leur poste de travail,

4. Le développement de la polyvalence et de la poly-compétence pour tous afin d'enrichir le travail et de faciliter la flexibilité face aux aléas du marché et à la variabilité de la demande,

5. Le développement de l'intelligence collective avec les bons outils d'analyse adaptés à la problématique,

6. Un pilotage aux indicateurs physiques de performance, factuel, précis et adapté à chaque situation qui permet de se remettre en cause en permanence,

7. Un système de rémunération et de répartition des gains de productivité équitables qui sait valoriser chacun en fonction de sa contribution et non de son statut.

Il appartiendra aux managers qui développeront la démarche « lean » de prendre conscience de ces principes et de ces bénéfices, de leur impact sur le fonctionnement quotidien et la réussite de leur démarche, puis de s'en faire une philosophie opérationnelle.

Fidèle au but de cet ouvrage qui est de donner au Chef d'entreprise une base suffisante de connaissances techniques lui permettant d'entretenir un dialogue construit dans le pilotage des grandes fonctions, nous ne prétendons pas donner une méthode exhaustive de la pratique du « Lean Management » qui nécessite la mise en œuvre de quelques moyens et suppose de se faire aider, dans son installation au sein de l'entreprise, par un cabinet spécialisé. Nous nous bornerons à quelques généralités qui permettront au dirigeant d'évaluer les efforts faits en ce sens.

Aujourd'hui les produits/services doivent correspondre à 8 critères impératifs :

- Qualité
- Sécurité
- Traçabilité
- Accessibilité
- Mobilité
- Confort
- Ergonomie
- Efficacité énergétique

La réponse « lean » repose, pour l'essentiel, sur les méthodes de management japonaises, introduites principalement par

Taiichi Ohno et participant du TPS (Toyota Production System). Il se propose d'éradiquer les trois « démons » de l'organisation du travail :

- Muda : Tout ce qui est sans valeur, les gaspillages, les pannes, les déplacements inutiles, les pertes de temps, etc…
- Muri : L'excès, la surcharge de travail engendrée par des processus mal adaptés,

- Mura : L'irrégularité, la variabilité qui doit être canalisée,

Le « lean Management » se conjugue principalement autour des techniques Kaizen qui veut dire « changement » et « bon », ce qui a été traduit en amélioration graduelle continue.

5 étapes, les 5 « S »

1. Ranger (SEIRI)

- Le travail en cours
- Les outils nécessaires
- Les machines inutilisées
- Les produits défectueux, les papiers et autres documents

2. Mettre les choses en ordre (SEITON)

Afin qu'elles soient prêtes à l'usage à l'instant même où on en a besoin.

3. Nettoyer (SEISO)

Tout simplement, garder propre le lieu de travail.

4. Se maintenir propre (SEIKETSU)

La propreté commence par soi-même.

5. Discipline (SHITSUKE)

Respecter procédures et méthodes.

L'observation des règles du Kaizen, conduit à une plus grande productivité et une qualité améliorée. Il participe d'une attention de tous les instants à la satisfaction des besoins ou des désirs des clients. Fondé sur la croyance que chaque être humain peut contribuer à améliorer son travail, il est, bien que sans rapport avec eux, dans la droite ligne des travaux sur la théorie « Y » de Douglas Mac Gregor (Cf. page 113)

C'est une approche humaniste qui compte sur la participation de chacun pour améliorer processus et résultats.

C'est enfin par la combinaison de l'échange « haut vers le bas » et « bas vers le haut » un moyen de rendre l'entreprise plus conviviale et plus productive, donc plus rentable.

Michelin, reconnu dans le monde entier pour sa capacité innovatrice et son haut niveau de qualité, pratique le « lean management » et conjugue le Kaizen avec bonheur jusque dans son usine référence de Clermont-Ferrand.

Adaptant ces techniques à Bibendum, Michelin s'est constitué un vocabulaire de référence :

***Bib'Standard,** mêlant les concepts du « 5 S » et l'esprit des chantiers Kaizen,*
***Bib'Flex,** inspiré du SMED (Single Minute Exchange of Die),*

***Bib'Boost,** pour avancer vite dans les domaines de la qualité et de la sécurité,*
***Bib'Innov,** pour réaliser des progrès en repensant la conception d'un produit,*
***Bib'Solve,** méthode de résolution des problèmes en 3 étapes. Cette méthode, véritable révolution culturelle, permet aujourd'hui de régler jusqu'à 90 % des problèmes qui se posent sans intervention de la hiérarchie.*

La quête de la qualité totale

On ne choisit pas entre productivité et qualité : c'est l'une et l'autre ! La productivité augmente lorsque la qualité s'améliore : il y a moins de retouches et moins de gaspillage. Les défauts ne sont d'ailleurs jamais gratuits : quelqu'un les a faits et il a été payé pour cela.

Que ne dit-on et n'écrit-on pas sur la qualité. Le sujet semble inépuisable. A juste titre, car aucun compromis n'est possible : le service du client exige que la qualité de ce que vous lui livrez soit irréprochable ; c'est d'ailleurs votre intérêt aussi car les défauts ne sont que du gaspillage et plus ils se déplacent vers l'aval, plus ils coûtent cher à réparer. Les ingénieurs dont c'est la spécialité font régulièrement observer que si le coût de la correction d'un défaut à la conception est de 1 euro, il montera à 10 euro dès la première transformation et s'il est livré au client, à 100 euro.

La qualité fait donc partie intégrante de la conception d'un produit ou d'un service. C'est ainsi qu'on évite de transiger. Elle doit être parfaite, d'abord parce qu'elle fidélise le client, mais aussi parce qu'elle participe, de façon significative, à la réduction des coûts. Sa constance est d'ailleurs, sur le long terme, plus importante que la part de marché instantanée. Elle ne se décrète pas mais se construit, jour après jour, opération par opération, grâce à l'attention vigilante de tous ceux qui, cadres ou employés, participent à l'élaboration du produit, sa conception, son lancement, sa fabrication, sa commercialisation et sa livraison. Sa définition viendra de la perception du client et non de la procédure retenue pour y parvenir.

Vous devrez donc, produit après produit, service après service, définir quel est le bon niveau de qualité intrinsèque, celui qui sera perçu comme satisfaisant par le client, compte tenu du prix qu'il a accepté de payer. *Il ne sert à rien par exemple, de fabriquer un téléphone portable dont les composants ont une durée de vie supérieure à 5 ans, alors qu'on sait que le consommateur en change rapidement et que sa perception de la qualité est de pouvoir se servir facilement des fonctions pour lesquelles il a acheté l'appareil.* La sur-qualité est inutile et conduit à un prix de vente qui rendra votre produit invendable, face à une concurrence plus habile.

Quelques règles-clé

Les problèmes de qualité étant toujours le résultat d'erreurs humaines, l'idéal, après avoir intégré la notion de qualité dans la conception du produit, est de responsabiliser tous les maillons de la chaîne logistique, production interne et sous-traitance comprise :

- Le flux externe et interne sera systématiquement géré en relation client/fournisseur. Vous emploierez ainsi moins de structure indirecte et responsabiliserez tous les opérateurs. Le client interne détecte presque toujours un problème de qualité. Une fois l'habitude prise, on transmet rarement un défaut vers l'aval et on n'accepte jamais un défaut en provenance de l'amont. Ce système présente l'avantage d'éliminer la quasi-totalité de la

bureaucratie mais exige une bonne formation de tous les opérateurs successifs sur le contenu du produit.
- L'absence de défaut sera intégrée dans la panoplie des récompenses.
- Fournisseurs et sous-traitants, tant en amont qu'en aval, seront incorporés dans la chaîne. Ils emploieront les mêmes méthodes. Ils accepteront d'entrer dans un processus d'assurance-qualité.

Le management des opérations, gestionnaire des flux physiques, englobant également dans son périmètre, service après-vente et application des conditions de garantie des produits, verra sa compétence, en matière de qualité, élargie à toute l'entreprise. Erreurs de factures, relances de paiement indues, non remboursement d'avoirs, etc qu'elle aura à connaître par les remontées clients, seront l'objet d'une traque impitoyable et de la mise en œuvre de processus propres à les éliminer.

Vous avez l'obligation d'être frugal, ne l'oublions pas, en moyens financiers. Il n'est donc pas envisageable que vous laissiez se constituer une bureaucratie pour suivre la qualité. Concentrez-vous exclusivement sur la notion de client/fournisseur interne.

Dans certaines branches, il peut toutefois arriver que des normes soient nécessaires, ne serait-ce que parce que les clients l'exigent ; c'est le cas, entre autres, de l'aéronautique, de la santé ou de l'automobile. Assurez-vous, dans ce cas, que ces normes sont effectivement mesurables, réalisables, pertinentes et contrôlables et que le processus bureaucratique nécessaire à justifier leur respect soit bien incorporé dans vos prix de revient afin de ne pas dégrader vos résultats.

Soyez à l'écoute et au service des clients après la vente

Comme pour les délais commerciaux, l'écoute des clients et le service après-vente constituent des éléments de fidélisation du client. Il est assez rare qu'une entreprise livre un produit ou un service qui ne sera utilisé qu'une fois dans la vie de son client. Que ce soit chaque jour, chaque année ou tous les cinq ans, un client est susceptible de revenir et tout le monde sait qu'il est plus facile de garder un client que d'en conquérir un.

Ce n'est pas par hasard que chaque marque d'automobiles veille, avec un soin jaloux, au taux de renouvellement de sa clientèle dans sa gamme propre. On constate d'ailleurs, statistiquement, que ce taux est d'autant plus élevé que la qualité et les services sont meilleurs. L'écoute des clients et le service après-vente ne seront confiés qu'à des personnes qui les aiment et qui veulent les servir et non à des comptables, l'œil rivé sur des dépenses mineures, aux aguets de toute erreur de procédure qui leur permette d'éviter de débourser ce qui reste, au fond, mais ils s'en moquent, de la responsabilité de l'entreprise.

Mettez en place un système de gestion des réclamations

Le service aux clients est la raison de vivre d'une entreprise, car toute entreprise appartient, d'abord, à ses clients. La connaissance des réclamations est impérative et leur gestion nécessaire pour améliorer produits et services rendus. L'hôtellerie et la restauration sont, sans aucun doute, à la pointe des techniques en la matière. *Récemment encore, dans un restaurant moyen, après avoir commandé un filet bleu, et celui-ci étant arrivé plutôt cuit, j'en fis la remarque au maître d'hôtel. Celui-ci, après s'être excusé, changea immédiatement le plat et, à la sortie, revint me saluer et me remercier, de nouveau, pour le service que je leur avais rendu, m'offrant en même temps une bouteille de Bordeaux.* C'est le summum d'un système de gestion des réclamations.

Dans une entreprise, chacune, chacun, doit être formé à la gestion des réclamations et les encourager. Il est inutile, pour autant, d'en faire une bureaucratie. Le service comptabilité pourra très vite évaluer combien coûte cette gestion, mais c'est sans importance car un client mécontent est un actif perdu, bien plus coûteux que l'économie qu'on a faite en le mécontentant.

La seule qualité qui compte est celle perçue par le client

La qualité perçue par le client est la seule qui compte puisqu'elle détermine le prix qu'il est prêt à payer et le fidélise. Beaucoup de techniciens parleront de leur système qualité ou des normes qu'ils respectent, plus rarement de la qualité perçue. Chacun dans l'entreprise devrait être utilisateur des produits qu'elle fabrique ou des services qu'elle rend, afin de pouvoir étalonner, en tant que client, ce qu'il souhaite et ce qu'il reçoit. C'est parfois difficile mais, au-moins, les salariés devraient-ils s'intéresser suffisamment à ce qu'ils font pour pouvoir donner un avis pertinent.

Dans les entreprises qui pratiquent l'analyse de la valeur de façon systématique, on sait généralement évaluer le niveau de qualité perçu par le client, preuve supplémentaire des services rendus par l'application de cette technique.

Demandez-lui régulièrement son appréciation

Demander leur appréciation de la qualité d'un produit, aux utilisateurs, est une démarche active. Si on attend, passivement, les remontées d'information directes, il est peu probable qu'on obtienne un résultat pertinent : la plupart du temps, les clients ne se plaignent pas ; ils n'expriment pas non plus leur satisfaction. Il faut donc les solliciter. *Décathlon, par exemple, offre pour nombre de ses produits, une vérification technique gratuite, au bout de trois mois d'utilisation. Cette formule, qui attire et mobilise, permet d'identifier d'éventuels problèmes sériels et de connaître l'appréciation des clients sur la qualité de leur produit et des éventuels comparatifs réalisés avec des amis utilisant un produit concurrent.*

Cette qualité-là est un objectif pour tous les employés dans l'entreprise

Dans la mesure où la qualité perçue par le client est clairement identifiée, elle devient forcément un objectif pour tous les employés de l'entreprise, à la condition, bien sûr, qu'ils soient motivés. La qualité n'est pas innée, elle se construit jour après jour. C'est en inculquant à tous les salariés, à tous les niveaux hiérarchiques, l'objectif qualité, qu'on est susceptible d'en obtenir des résultats. Encore faut-il être cohérent : comment exiger une qualité supérieure quand la partie dynamique d'une rémunération n'est construite que sur la productivité-temps, par exemple. Les employés doivent être fiers de ce qu'ils font et seule la qualité peut leur assurer cette fierté.

Un certain nombre d'entreprises ont d'ailleurs mis en place un système de rémunération inverse pour mobiliser leurs effectifs sur le zéro-défaut. Considérant que la perfection est la norme, les salariés se voient attribuer une prime de X € par mois. Chaque défaut remonté par un client amputera cette prime de 20 %. Cinq défauts par mois entraînent donc la suppression de la prime. Cette formule, relativement efficace, parce que simple et compréhensible, ne peut être mise en œuvre que dans un contexte de maîtrise et de suivi des processus-qualité.

Chacun doit être conscient du rôle absolument prépondérant joué par la qualité dans le succès de l'entreprise

Il y a des entreprises qui, sur le court terme, pensent pouvoir s'affranchir des contraintes de la qualité et, livrant tout et n'importe quoi, tentent de rééquilibrer par des acrobaties après la vente, les dommages créés par la non-qualité. A court terme, il arrive que ces entreprises subsistent malgré cela, mais sur le long terme, elles meurent. Dans un marché en progression, la surabondance de la demande par rapport à l'offre peut permettre à certaines entreprises, peu regardantes, en matière de qualité, de survivre, mais dans un marché en récession, certainement pas. Le marché du train électrique s'est réduit comme une peau de chagrin au cours des trente dernières années sous les coups de boutoir des jeux vidéos et autres consoles. *Märkling, l'allemand, avec ses miniatures irréprochables et sa vaste gamme a survécu, malgré quelques vicissitudes récentes, tandis que Jouef, le français, approximatif dans sa qualité et ses délais, périclitait.*

Il faut se préoccuper de toutes les qualités

- qualité des produits
- qualité des relations avec le client
- qualité des relations internes

Le chef d'entreprise est, au travers du management des opérations, à la fois le premier promoteur et le premier garant de la qualité. Lorsqu'on est vraiment préoccupé de qualité, on ne se limite évidemment pas au seul produit. Son processus de production est également concerné, de même que tous les services qui de près ou de loin concourent à son succès.

Chaque service de l'entreprise est concerné par la qualité. Peut-on concevoir une entreprise, dont les produits sont conformes au niveau de qualité annoncée, être par ailleurs en conflit permanent avec ses clients ou se tromper dans ses factures ? Evidemment non ! La qualité se décline dans la totalité de l'entreprise ou sera forcément également absente du produit. Il s'agit d'une démarche, d'un état d'esprit. Il ne peut pas y avoir deux niveaux de comportement : les méticuleux qui s'occupent du produit et les dilettantes du reste.

Enfin, au sein même de l'entreprise, il ne peut pas y avoir, d'une part, à l'intérieur de certains services, des gens respectueux les uns des autres et dans d'autres services, des individus mal embouchés s'acharnant à polluer la vie de leur voisin. La qualité représente, en quelque sorte, une cohérence d'entreprise.

Remplacez le contrôle qualité par l'assurance qualité

Dans les temps héroïques, on mettait en place un contrôleur qualité pour dix opérateurs qui faisait corriger les défauts.

Cette méthode est aujourd'hui remplacée par l'assurance-qualité tout simplement parce que fabriquer des défauts coûte cher, en définitive. Toute la théorie de l'assurance-qualité repose sur une chaîne dont les différents membres, y compris les sous-traitants et prestataires extérieurs fonctionnent dans une logique client-fournisseur.

Chacun des opérateurs intermédiaires doit livrer un produit ou une prestation parfaits, ce dont il s'assure dans le cours de son ouvraison et accepte le risque, en cas de défaut ou de non-conformité, de se voir refuser sa livraison par son successeur dans la chaîne, et ainsi de suite. Ce processus est très responsabilisant, d'abord parce qu'il est vexant de se faire refuser son travail par l'aval pour un défaut de qualité, ensuite, parce qu'en amont, l'opérateur précédent continue de produire et qu'il faudra bien résorber seul le goulet d'étranglement ainsi créé.

Sachez ce que coûtent

- La prévention des défauts
- La suppression des défauts
- La compensation des défauts

Il n'est pas nécessaire, pour le savoir, de mettre en œuvre une comptabilité tatillonne ; on irait à l'inverse du but recherché. La prévention des défauts, la suppression des défauts et la compensation des défauts dépendent du système en vigueur dans l'entreprise. Dans un système classique, pour ce qui est de la prévention, entre laboratoire, métrologie, contrôle-qualité, etc on peut s'en faire une idée assez précise ; pour la suppression aussi, puisqu'en comptant les rebuts on peut facilement en calculer le coût de remplacement ; enfin pour la compensation, le service après-vente est toujours en mesure de chiffrer ses interventions au titre de la garantie.

Chez IBM-France, par exemple, lorsque Lou Gerstner devint CEO du groupe, aux Etats-Unis, et lança son plan de restructuration, il fallut bien que la France se mette au diapason. Ayant constaté, au cours de l'analyse que 50 % des factures entraînaient des incidents de paiement, le consultant en charge du problème se rendit compte que leur libellé, parfaitement obscur pour un lecteur non-averti, était seul responsable de cette situation. En même temps qu'il exigea une rédaction plus claire, il réduisit de moitié l'effectif du service concerné puisqu'il était désormais patent que cette moitié ne servait qu'à compenser des erreurs de conception. La raison et le coût de la non-qualité étant parfaitement identifiés, il suffisait d'un remède simple pour, définitivement satisfaire les clients qui comprenaient désormais le libellé de leurs factures et acceptaient donc de les payer. La trésorerie de l'entreprise qui collectait les fonds plus vite et le compte de résultat qui constatait les économies réalisées en ne rémunérant plus toute l'équipe chargée de se substituer aux défaillances d'une mauvaise conception, en furent grandement améliorés.

Optimisez le coût de la qualité

Le coût de la qualité est optimisé lorsqu'on ne parle plus spécifiquement de coût de la qualité. A partir du moment où, dans une entreprise, le concept de qualité a été introduit comme une composante s'imposant à tous, de la création du produit ou du service jusqu'à sa livraison, de son traitement comptable à son parcours logistique, la qualité est totalement intégrée au prix de revient et cette question ne se pose plus. Une fois définitivement fait le choix de la qualité, son coût s'optimise rapidement jusqu'à ne plus rien représenter par lui-même.

Mettez systématiquement à contribution tous les employés pour identifier les sources éventuelles d'amélioration de la qualité

Comme pour les processus ou les opérations, les employés savent toujours ce qu'il convient de faire pour améliorer la qualité. Il suffit de le leur demander. Méfions-nous toutefois, lorsqu'on les interroge en groupe, des réponses-bateau du type "*il faut choisir entre productivité et qualité*", souvent inspirées par les syndicats. Pas du tout ! La productivité, c'est la qualité, chacun en conviendra. Mais, dans ce domaine, peut-être encore plus qu'ailleurs, la vérité vient plutôt de ceux qui font, pas de ceux qui dirigent.

Du management à la maîtrise des chiffres

Après un *Tome 1* proposant les attitudes et le comportement propres à permettre au dirigeant de développer *Leadership, Motivation et efficacité personnelle* et un *Tome 2* détaillant la méthode **perform'up®** dans son concept de management entrepreneurial totalement orienté vers le client, le *Tome 3*

clôturera le cycle par la *Maîtrise des chiffres et de la croissance.*
L'entrepreneur, le chef d'entreprise ou le dirigeant doit aujourd'hui être d'abord un leader, porteur d'une vision qu'il sait convertir en stratégie gagnante mais aussi un manager talentueux dans l'exécution. La symbolique de la main contenue dans le management entrepreneurial de la méthode **perform'up**® rappelle qu'il doit sans cesse se former pour saisir les fondamentaux qui lui permettent de dialoguer sur les composantes du fonctionnement opérationnel de son entreprise.

Le *Tome 3* complétera ce dialogue en proposant une base de connaissances sur l'articulation du financement et des flux, ainsi qu'une alternative en possibilités de croissance dans une économie qui stagne.

Sources diverses

Pour ce deuxième tome de **perform'up**®**,** au-delà de la simple transcription de mes expériences, et de mon vécu professionnel, j'ai été inspiré par les travaux, écrits, blogs, vidéos et commentaires de :

Alternité,
Robert Allen,
Andy Andrew,
Jacques Attali,
Aurélien Aumacker,
Leo Babautat,
Isabelle Barth,
Ken Blanchard,
Boston Consulting Group,
Gary Bradt,
Brendon Burchard,
Jack Canfield,
Dale Carnegie,
Jean-Claude Carrière,
Jérôme Cazes,
C'éclair,
Jim Collins,
Daryl Conner,
Stephen R.Cowey,
Thomas G. Crane,
Ray Dalio
François Dalle,
Luc de Brabanderie,
Charles De Gaulle,
Ghislain Deslandes,
Rolf Dobelli,
Peter Drucker,
Entrepreneur.com
Timothy Ferris,
Octave Gélinier,
Michael E. Gerber,
Seth Godin,
Robert Greene,
Walter Isaacson,
Ray Josephs,
Daniel Kahneman,
Jean-Noël Kapferer,
Gérald Karsenty
Byron Katie,
Dave Kerpen
A.T. Kearney
Mc Kinsey
Robert T. Kiyosaki,
Philip Kotler,
John Kotter,
Terri Levine
Joel Luzi,
Sean Luzi,
Douglas Mac Gregor,
John Maxwell
Taiichi Ohno,
Steve Pavlina,

Peter Economy
Tom Peters,
Alexandre Philippe,
Michaël Porter,
Paul Pyronet,
Mike Robbins
Tony Robbins,
Olivier Roland,
Airy Routier,
Florence Servan-Schreiber,
Robin Sharma,
Dan Sullivan,
TEDx
Brian Tracy,
Sun Tsu,
Jack Welch,
Wikipedia
XL Formation
Zig Ziglar.

Capital
Challenge
Chef d'entreprise.com
Dynamique entrepreneuriale
Harvard Business Review
Les Echos
L'Expansion
Le Figaro Economie
Management

Bibliographie

- Michaël Aguilar, *Vendeur d'élite,* Dunod
- Robert Allen & Mark Victor Hansen,
  The one minute millionaire, Random House
- JP Anastassopoulos & JP Larçon,
  Profession Patron, Flamarrion
- Marcel Van Assen, Gerbert van den Berg, Paul Pietersma,
  Le guide du Financial Time, 60 modèles de management, Pierson
- Jacques Attali
  Un homme d'influence, Sigmund G. Warburg, Fayard
- Bob Augier,
  L'art du vendeur, La librairie d'économie commerciale
- Leo Babautat
  Zen to done, the ultimate simple productivity system, Phatbits
- Isabelle Barth & Yann-Hervé Martin
  Le manager et le philosophe, Le Passeur
- P. Béranger,
  *Les nouvelles règles de la production,*Dunod
- Steve Blanck – Bob Dorf,
  Le manuel du créateur de start-up, Diateino
- Philippe Bloch, Ralph Hababou, Dominique Xardel,
  Service compris, Hachette
- Daniel Boeri
  Réduire les frais généraux, Editions d'Organisation
- Jean-Marie Bourre,
  La diététique du cerveau, Odile Jacob
- Luc de Brabanderie
  Petite philosophie des histoires drôles,
  Petite philosophie de nos erreurs quotidiennes,
  Petite philosophie des grandes trouvailles, Eyrolles
  Les mots et les choses de l'entreprise, Editions Mols

- Robert C. Camp,
  Le Benchmarking, Editions d'Organisation
- Jack Canfield
  The success principles, Harper & Collins
  Coaching for breakthrough success, Proven techniques for making the impossible dream possible, (with Peter Che), McGraw Hill
- Concetta Carestia Lanciaux
  Stratégie de la récompense, EME
- Dale Carnegie
  Comment se faire des amis, Le livre de poche
- Jean-Claude Carrière
  L'argent, Odile Jacob
- Jérôme Cazes
  La révolution des cercles, Sépia
- Georges Chetochine,
  Marketing, stratégie de la distribution, Editions Liaisons
- Collectif, *L'art du Marketing,* Village
- Collectif, *L'art du Management,* Village
- Collectif, *L'art de l'Entreprise Globale,* Village
- Collectif, *L'Enjeu Humain de l'entreprise,* Enjeux Les Echos
- Stephen R. Covey
  The seven habits of highly effective people, Rosetta Books
- Judith Crown & Glenn Coeleman
  No Hands, Henry Holt & Company
- François Dalle
  L'aventure L'Oréal, Odile JacobRolf Dobelli
  Arrêtez de vous tromper, Eyrolles
- Pascal Debordes,
  Le coaching efficace des commerciaux, Dunod
- Jean-Marie Descarpentries, Philippe Korda,
  L'entreprise réconciliée, Albin Michel
- W.Edwards Deming,
  Qualité, Editions Economica
- Max De Pree
  Diriger est un art, Editions Rivages

- René Descartes, *Discours de la Méthode*
- Rolf Dobelli
  Arrêtez de vous tromper, Eyrolles
- Stéphane Doblin & Jean Loup Ardoin
  Du rouge au noir, Publi-unions
- Gérard Donnadieu
  Du salaire à la rétribution, Editions Liaisons
- Gilles Dostaler,
  Les grands auteurs de la pensée économique, Alternatives Economiques
- Peter Drucker :
  The practice of Management, Harper & Row
  The effective executive, Harper & Row
  Management : Tasks, Responsabilities and Practices, Harper & Row
  The theory of the business, Harper & Row
- David A. Emery,
  Nous sommes tous des Managers, Editions Marabout
- Timothy Ferris
  The 4-hour work week, escape to the 9-5, live anywhere and join the new rich, Random House
- Luc Ferry
  Vaincre les peurs, Odile Jacob
  Kant, Grasset
- Jean F. Fiehl,
  Comment rendre votre réseau de vente plus performant, Orgatec
- Octave Gelinier :
  Le secret des structures compétitives, Hommes et Techniques
  Fonction et tâches de Direction Générale, Hommes et Techniques
- Harold Geneen,
  La Direction doit diriger, Robert Laffont
- Michael E. Gerber
  The E-Myth revisited, Harper & Collins

- Malcolm Gladwell,
  Le point de bascule, Champs Essais
- Daniel Goeudevert :
  Comme un oiseau dans l'aquarium, Bayard Editions
  Des voitures et des Hommes, De Fallois
- Robert Greene
  Mastery, Profile books
- Jean-Philippe Guillaume,
  La performance logistique, Nathan
- Napoléon Hill,
  Think and grow rich, Start Publishing
- Jacques Horovitz,
  Les 50 règles du service 0 défaut, Editions First
- Olivier Houdé,
  Le raisonnement, PUF
- Lee Iacocca
  Iacocca par Lee Iacocca, Robert Laffont
- Masaaki Imai, *Kaizen,* Editions Eyrolles
- Walter Issacson
  Steve Jobs, Simon & Schuster
- Yves Jaucyer,
  Libérez les énergies de votre entreprise, LCA
- Daniel Kahnemann
  Thinking fast and slow, Penguin Books
- Jean-Noël Kapferer
  Strategic Brand Management, Kogan Page
- Byron Katie
  Loving what is: how 4 questions can change your life, Random House
- Karol Kennedy,
  Guide to the Management Gurus, Editions Century Business
- Dave Kerpen,
  Likeable leadership, Jeffrey Hayzlett
- Robert T. Kiyosaki
  Rich Dad, poor Dad, Reed Business Information

- Philip Kotler,
  Marketing Management, Englewood - Cliffs
- Olivier Lemant & Pierre Schick,
  Guide de Self Audit, Editions d'Organisation
- Herbert Lottman,
  Michelin, Flammarion
- John F. Love,
  Sous les arches de Mc Donalds, Michel Lafon
- Douglas Mac Gregor,
  La dimension humaine de l'entreprise, Gauthier – Villars Paris
- Nicolas Machiavel,
  Le Prince
- David Magee,
  Comment Carlos Ghosn a sauvé Nissan, Dunod
- Jacques Maisonrouge,
  Manager International, Robert Laffont
- Konosuke Matsushita,
  Quest for Prosperity, PHP Institute
- Helmut Maucher
  La stratégie Nestlé, Editions Maxima
- François Michelin,
  Et pourquoi pas ? Editions Grasset
- Christophe Midler,
  L'auto qui n'existait pas, Interédition
- Seiichi Nakjima,
  La maintenance productive totale, Afnor gestion
- G.S. Odiorne,
  Objectif et action personnelle des cadres dirigeants, Hommes et Techniques
- David Ogilvy :
  Les confessions, Hachette
  La publicité selon Ogilvy, Masson
- Taiichi Ohno
  L'esprit Toyota, Masson

- Bruce Paine
  Programme à L.T. et croissance de l'entreprise, Entreprise moderne d'édition
- Arch Patton,
  Rémunérations stimulantes et promotions des cadres dirigeants, Hommes et Techniques
- Alain Pecar Lempereur & Aurélien Colson,
  Méthode de négociation, Dunod
- Thomas Peters,
  L'entreprise libérée, Dunod
- Thomas Peters, Robert Waterman,
  Le Prix de l'Excellence, Inter Editions
- Michael Porter, *Competitive advantage,* Free Press
- Navi Radjou, Jaideep Prabhu, Simone Ajuha,
  L'innovation Jugaad, Diateino
- Cary Reich, *André Meyer,* Belefond
- Ernest Renan (Commenté par)
  L'Ecclésiaste, Arléa, Diffusion Le Seuil
- Airy Roudier
  Théories du bordel économique, J.C. Lattès
- Jean-Paul Sallenave,
  La stratégie de l'entreprise face à la concurrence,
  Editions d'Organisation
- Antony Sampson,
  ITT, l'état souverain, Alain Moreau
- William G. Scott & Terence R. Mitchell,
  Organisation des structures de l'entreprise, Publi-Unions
- John Sculley,
  De Pepsi à Apple, Editions Grasset
- Florence Servan-Schreiber,
  Power Patate, Marabout
- Jean-Louis Servan-Schreiber,
  A mi-vie, Stock
  L'art du temps, Fayard
  Le métier de patron, Fayard

- Robin Sharma :
  The leader who had no title, Free press
  The monk who sold his Ferrari, Paulo Coelho
- Bruno Sire,
  Gestion stratégique des rémunérations, Editions Liaisons
- Alfred Sloan Jr,
  My years with General Motors, Double Day Dell Publishing Company
- Ian Stewart & Vann Joines,
  Manuel d'analyse transactionnelle, Inter Editions
- F.W. Taylor,
  Principles of scientific management
- Etienne Thil & Claude Baroux,
  Un pavé dans la marque, Editions Flammarion
- Robert Townsend :
  Up the organization, Orbit Publishing
  Faites décoller vos hommes et votre entreprise, Editions du Seuil
- Sun Tzu,
  L'art de la guerre, Editions Hachette
- Robert Waterman,
  Les champions du renouveau, Inter Editions
- Eric Wattez,
  Comment Adidas devient l'un des plus beaux redressements de l'histoire du business, Editions Assouline
- Jacques Welch,
  Ma vie de patron, Village Mondial
- Richard Whiteley et Gérard Mulliez,
  La dynamique du client, Editions Maxima

10055783R00162

Printed in Great Britain
by Amazon.co.uk, Ltd.,
Marston Gate.